하나님의
경륜

CONTENTS

머리말

성경이 보여주는 위대한 서사시,
하나님의 경륜

성경은 무슨 이야기를 하는 것일까요? 성경을 종합하면 무엇에 대한 이야기라고 할 수 있겠습니까? 이것은 모든 신자의 질문이며 모든 설교자들이 설교를 준비할 때 마음 속에 담고 있는 내용입니다. 신앙생활을 하면서 우리는 스스로 깨닫지 못하는 가운데 성경이 무엇에 대한 이야기라는 인식을 갖게 됩니다. 그런데 정작 누군가에게 성경이 무엇에 대한 이야기라고 말해주려고 할 때 우리는 어떻게 대답하겠습니까?

성경이 무엇에 대한 이야기인가를 많은 사람이 이야기할 수 있을 것입니다. 그런데 프랭크 바이올라(Frank Viola)의 책 '영원에서 지상으로'(From Eternity To Here)를 읽어보면, 성경은 하나님이 세상을 사랑하신다는 사랑 이야기라고 소개합니다. 최초의 커플 아담과 하와, 아브라함과 사라, 이삭과 리브가, 야곱과 라헬 그리고 레아, 요셉과 아스낫, 모세와 십보라, 다윗과 밧세바, 그리고 호세아와 고멜, 요셉과 마리아, 그리스도와 교회, 그리고 어린 양과 그 아내로 이어지는 사랑의 이야기는 성경 전체를 통하여 흐르는 하나님의 러브스토리라는 것입니다. 위 책은 또한 성경을 관통하는 핵심 줄거리를 소개하기를, 하나님이 거하실 처소를 만드시는 이야기라고 합니다. 그 최초의 처소인 에덴동산을 시작으로 모세의 성막과 다윗의 장막, 솔로몬의 성전과 성전이신 예수 그리스도, 성전인 교회, 그리고 성전도시(聖殿都市)인 새 예루살렘까지 성경은 온통 하나님이 인간과 함께 거하실 처소에 대한 이야기라고 소개합니다.

과연 성경은 하나님의 사랑을 이야기하며, 하나님이 그 사랑하는 사람과 함께 하려고 거할 처소를 만드신다는 이야기입니다. 그런데 그 후에 저는 톰 라이트의 책, '성경과 하나님의 권위'를 읽으면서 톰 라이트가 성경을 5막의 드라마라고 소개한 부분을 읽고 무릎을 탁 쳤습니다. 성경이 하나의 거대한 이야기라면 그 이야기가 이끌어가는 주제가 있을 것이라고 생각했습니다. 그리고 그것에 대해서 모든 예언자들이 말하고 사도들이 증거했을 것이라고 저는 확신했습니다. 더구나 신약성경의 기록이 완성되기 전에 사도들이 복음을 전할 때 많은 사람들이 그 복음을 듣고 주 예수 그리스도께 돌아왔다는 점을 생각해 보면, 그 당시에 사도들이 가르친 이야기가 바로 성경에 기록되었을 것이라는 생각이 들었습니다. 말하자면, 사도들은 오늘과 같은 성경전서를 갖지 못했습니다. 하지만 성경으로 드러나게 될 핵심 이야기가 그들 마음 속에 불타오르고 있었습니다. 그것을 읽어 내는 것이 성경공부의 목적이라고 저는 생각했습니다. 그리고 성경을 가르칠 때 바로 그 점을 명확하게 하는 것이 중요하다고 결론을 내렸습니다.

이런 질문과 독서를 통해 저는 사도 바울이 말하는 바, 하나님이 자신을 부르신 목적은 하나님의 비밀의 경륜을 세상에 알리는 것이라(엡 3:9)고 한 말이 마음에 부딪혀왔습니다. 바울은 하나님의 비밀의 경륜을 증거하라고 자신이 부름을 받았다고 고백했습니다. 바울이 말하는 하나님의 경륜(헬. *오이코노미아 oikonomia*, economy), 그것은 세상을 경영하시는 하나님의 마스터플랜(Master Plan)이며, 성경 전체를 관통하는 이야기라고 할 수 있습니다. 성경 전체의 이야기는 바로 이 서사시로 요약되고 전개됩니다. 그 이야기 안에 창조와 타락, 이스라엘과 예수 그리스도, 교회와 종말의 이야기가 순차적으로 어우러지고 상호 연관성을 갖게 됩니다.

이에 저는 2016년 2월부터 두 달 동안 이 주제로 설교를 했습니다. 그리고 이 설교를 책으로 엮어 교우들과 함께 읽고 토론을 했습니다. 막상 교우들과 함께 설교읽기를 해 보니 설교안을 읽고 그 내용을 파악하는 일이 생각보다 쉽지 않음을 알게 되었습니다. 그래서 설교안 중간에 질문을 넣어 그 의미를 생각해보도록 했습니다. 설교안을 더 잘 이해하는데 도움을 주려고 질문을 넣은 것입니다. 그런데 본문 안에 질문이 있으면 책을 읽어나가는데 흐름이 끊길 수도 있습니다. 그런 분은 질문을 무시하고 읽으면 됩니다. 하지만 질문에 대한 자신의 생각을 기록해 본다면 하나님의 경륜을 이해하는데 큰 도움이 될 것입니다. 각 질문에는 고정된 정답이 있는 것은 아닙니다. 자신이 직접 생각해 보고 답을 쓴다는 것은 큰 결단이며 주체적인 행동입니다.

끝으로, 구도자의 길을 함께 걷고 있는 새소망교회 교우들에게 감사드립니다. 출판을 후원해 준 김순금 집사님에게도 고마운 마음을 표합니다. 그리고 첫 출판의 떨리고 어색한 저의 걸음마를 자상한 마음과 숙련된 솜씨로 이끌어준 레마북스의 신경애 대표님에게도 감사합니다.

이 책이 성경을 더 잘 이해하려는 열망을 가진 분들에게 도움이 되기를 바랍니다. 그리고 이 책을 통해서 더 많은 분들과 함께 하나님의 경륜을 이해하고 그것이 이루어지기를 바라며 또한 그 위대한 계획을 이루는 일에 협력하기를 소망합니다. 하나님이 지금도 우리와 함께 하시며, 우리 가운데서 일하고 계십니다!

2020년 12월 14일

무학봉 기슭에서
조해강 목사 씀

5막의 드라마

성경 전체를 5막 드라마로 보면
창조, 타락, 이스라엘, 예수님, 교회로
나눌 수 있다.

- 톰 라이트, '성경과 하나님의 권위'에서 -

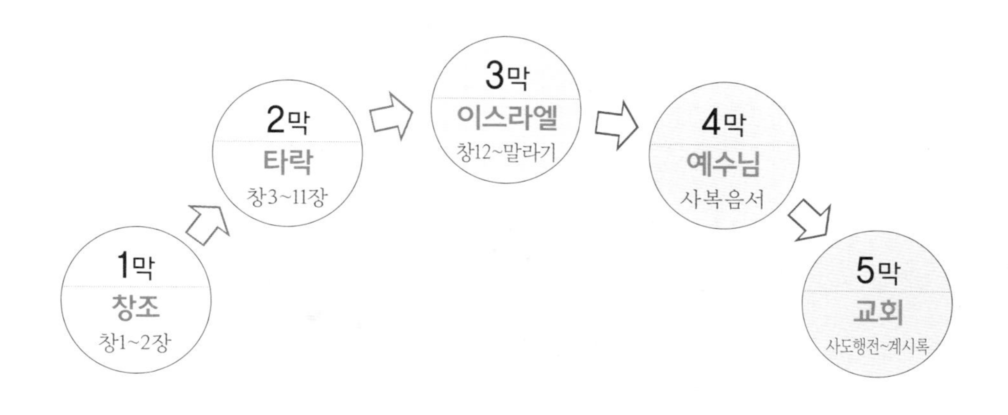

God's Master Plan
하나님의 경륜

이는 그가

모든 지혜와 총명을 우리에게 넘치게 하사

그 뜻의 비밀을 우리에게 알리신 것이요

그의 기뻐하심을 따라 그리스도 안에서

때가 찬 경륜을 위하여 예정하신 것이니

하늘에 있는 것이나 땅에 있는 것이 다

그리스도 안에서 통일되게 하려 하심이라

에베소서 1:8~10

01

위임 받은 청지기

에베소서 1:8~10

하나님의 경륜 시리즈

01

위임 받은 청지기

에베소서 1:8~10

서양사람들이 많이 읽는 고전 중에는 '일리아드'와 '오딧세이'가 있습니다. 이것은 동양의 삼국지와 같은 영웅들의 이야기입니다. 우리나라에는 활을 잘 쏘기로 유명한 동명성왕이 고구려를 세운 이야기가 전형서사시입니다. 이렇게 영웅들의 이야기나 한 나라의 건국 과정을 글로 담은 것을 서사시(敍事詩, epic)라고 합니다. 우리나라 소설가 박경리의 '토지'가 대표적인 서사시입니다. 그것은 구한말부터 해방 때까지의 이야기를 21권으로 풀어낸 대하(大河) 드라마입니다.

성경은 하나의 대서사시입니다. 창조에서 새 창조까지, 영원에서 영원까지, 그리고 하늘과 땅이 하나되는 이야기를 담은 위대한 서사시입니다. 가장 스케일이 크고 가장 극적인 서사시입니다. 그 서사시는 우리의 삶과 밀접하게 관련되어 있습니다. 그 위대한 서사시에는 우리들의 역할도 있어서 지금도 계속 되는 이야기라고 볼 수 있습니다. 그렇게 보면 우리도 이 위대한 서사시의 배우들입니다. 성경을 이렇게 통으로 이해하고 그 흐름과 맥락을 이해하는 것은 매우 중요한 일이라고 할 수 있습니다. 그래서 앞으로 10주 동안 성경 전체를 관통하는 이야기를 몇 가닥으로 정리하여 말씀을 드리고자 합니다.

생각해보기

❀ 성경을 서사시(epic)나 이야기(narrative)로 볼 수 있습니까?
그 이유는 무엇입니까?

사실 이것은 새로운 시도는 아닙니다. 이미 스데반 집사의 설교에 그런 내용이 나오기 때문입니다. 사도행전 7장에서 스데반 집사는 아브라함부터 구약 전체를 흐르는 이스라엘 백성들의 이야기를 설교로 풀어냈습니다. 그리고 마태와 누가는 구약 성경을 족보로 정리하였습니다. 그리고 요한복음에서는 태초부터 시작된 하나님의 계획을 설명하면서 예수님에 대한 설명을 새로운 방식으로 제시합니다. 물론 하나님의 경륜을 가장 깔끔하고 압축적으로 정리하여 설명한 분은 사도 바울입니다. 바울은 에베소서와 골로새서 등에서 하나님의 계획을 하나님의 비밀이라고 소개합니다. 그리고 자신은 하나님의 비밀을 맡은 청지기라고 소개합니다(고전 4:1).

성경의 이야기를 하나의 거대한 산이라고 비유해보자면 그 전체의 그림을 그려보는 것은 성경의 각 부분을 이해하는 데 꼭 필요한 일입니다. 등산을 할 때는 그 산의 골짜기와 나무들을 잘 살피는 것도 좋지만 우선 그 산이 어떻게 생겼는지, 지금 가는 곳이 어디쯤인지를 아는 것은 더욱 중요한 일이라고 할 수 있습니다. 특별히 성경은 우리가 읽고 해석하여 우리의 삶에 적용해야 하는 책입니다. 그래서 올바른 해석이 정말 중요합니다. 그러므로 각 권의 책 또는 각 부분의 말씀 구절들을 바르게 해석하려면 전체 이야기가 어떻게 진행되는지를 아는 것이 필수적이라고 할 수 있습니다. 성경전체 이야기에 대한 이런 이해는 각 부분을 읽을 때 유익한 지침이 됩니다. 그리고 성경 전체를 통하여 드러나는 하나님의 의도를 이해할 수 있게 되면 우리의 믿음은 새로운 차원의 확신과 이해에 이르게 될 것입니다.

성경, 5막의 드라마

성경 전체를 5막의 드라마로 보면 제1막: 창조, 제2막: 타락, 제3막: 이스라엘, 제4막: 예수님, 제5막: 교회로 나눌 수 있습니다. 이 다섯 막의 이야기는 66권의 성경 안에 여러 모습으로 소개됩니다. 그러나 그 모든 이야기를 정리하면 이 다섯 막으로 구성된 이야기라는 것을 알 수 있습니다. 제1막은 창조의 이야기입니다. 제2막은 타락의 이야기입니다. 창세기 3장부터 11장까지가 이 타락의 이야기입니다. 제3막은 이스라엘의 이야기입니다. 이것은 창세기 12장부터 구약성경의 나머지 전체를 포함합니다. 그 이야기는 길고 긴 이야기로서 메시아께서 오시는 제4막에서 절정을 이룹니다. 우리들은 아직 제4막에 나오지 않습니다. 4막은 예수님과 제자들의 이야기입니다. 그러나 그 4막의 이야기는 우리들이 속한 제5막에서 노래하고 소개할 이야기의 핵심이 됩니다. 우리들(교회)은 제5막에 속한 배우들입니다. 우리들이 맡은 임무는 제1막부터 시작된 창조와 이스라엘의 이야기의 절정으로 오신 예수님을 통해서 하나님이 온 세상을 구원하신다는 이야기를 선포하고 전하는 것입니다. 그리고 제5막이 끝나는 시점에 우리 주님이 오셔서 이 땅에서 모든 이야기를 완성하시고 새 하늘과 새 땅에서의 삶을 우리에게 주실 것입니다(N. T. Wright, '성경과 하나님의 권위' 참조).

생각해보기

❀ 성경을 거대한 서사시나 이야기 또는 드라마와 같은 구성을 가진 것으로 이해하기 위해서 다섯 개의 막으로 나누면 각각은 어떻게 됩니까? 키워드를 적어보세요.

1막: 2막: 3막: 4막: 5막:

하나님의 대리인들

이렇게 성경의 이야기를 5막으로 정리해 보면 그 전체 이야기에 흐르는 일관된 주제(모티브, motive)가 있습니다. 그것은 하나님께서 이 모든 일을 하실 때 어떤 사람들에게 그 임무를 맡기신다는 점입니다. 하나님께서는 이 위대한 이야기를 함께 풀어나갈 대상을 정하시고 그들과 더불어 그 나라를 운영하십니다. 그들은 하나님의 대리인(agents)이라고 할 수 있습니다.

제1막에서는 하나님께서 만드신 세상을 다스리고 충만하게 할 대상으로 아담과 하와라는 커플을 정하셨습니다. 그들에게 하나님의 형상을 주시고 그들로 하여금 하나님의 피조세계를 잘 관리하고 다스리라는 임무를 맡기셨습니다. 그들은 이제 땅 끝까지 가서 모든 피조세계에 자신들을 빚으시고 자신들에게 주신 하나님의 형상을 나타낼 것이었습니다. 이렇게 하나님께서는 모든 피조세계에 주실 복을 아담과 하와를 통하여 나눠주기를 원하셨습니다. 그들은 온 세상을 충만하게 할 하나님의 대리인이었습니다.

제2막에서는 한 가족이 하나님의 부르심을 받았습니다. 온 세상이 죄악으로 가득하여 더 이상 보존될 수 없었을 때, 하나님께서는 물로 세상을 심판하시고 노아라는 한 가족을 통하여 새로운 시작(a new beginning)을 주셨습니다. 온 세상은 물 속에 잠겨 있었고, 창조의 때처럼 물 속에서부터 뭍이 드러나기 시작했습니다. 육지가 물에서 나온 것으로 보면 이제 세상은 다시 창조되고 있었습니다. 그리고 새로운 땅이 드러났고 거기에 노아의 가족은 도착했습니다. 물에서 솟아난 새로운 땅에서 노아 가족의 삶이 시작되었습니다. 하나님께서는 무지개를 비춰주시며 노아와 그의 가족을 향하여 복을 주셨습니다. 그들은 신세계를 다스리고 관리할 새로운 대리인이었습니다.

> 하나님이 노아와 그 아들들에게 복을 주시며 그들에게 이르시되 생육하고 번성하여 땅에 충만하라 (창세기 9:1)

생각해보기

❀ 노아의 이야기가 재 창조 또는 두 번째 창조라고 볼 수 있는 이유는 무엇입니까?

제3막에서 주연을 맡은 배우는 아브라함이었습니다. 그는 아버지가 살던 우상의 도시를 떠나 하나님께서 지시하시는 땅으로 갔습니다. 그것은 미지의 땅이었으며, 하나님께서 새로운 역사를 시작하실 약속의 땅이었습니다. 그래서 아브라함은 아내 사라와 더불어 그 길을 떠나 마침내 가나안 땅에 도착했습니다. 하나님께서는 온 세상에 복을 주시기 위해 아브라함을 부르시고 그에게 위대한 사명을 맡기셨습니다. 그와 그 자손의 순종으로 말미암아 천하만민은 복을 받을 것입니다. 이렇게 아브라함의 순종으로 세워진 민족이 바로 이스라엘입니다. 그들은 본래 애굽에서 살았는데 그들도 홍해를 건너와 새로운 땅에 들어갔습니다. 그들은 온 천하 만민을 위한 제사장의 나라가 될 것이었습니다.

하나님께서는 이스라엘의 한 가운데 집을 지으시고 그 백성과 함께 사셨습니다. 그것을 성막(성전)이라고 합니다. 이렇게 하나님이 함께 하시는 민족에 대한 소문은 온 세상에 퍼졌습니다. 그래서 하나님의 영광이 충만한 성전과 솔로몬의 명성을 구경하러 사방에서 사람들이 몰려왔습니다. 이제 이스라엘은 하나님께 순종하고 하나님을 전심으로 사랑함으로써 열방에게 참 인간의 삶이 무엇인지 보여주고 그들을 이끌어 하나님께로 인도할 때가 다가왔던 것입니다.

비극으로 끝난 초반 세 막

하나님의 위대한 이야기의 초반은 비극으로 종결됩니다. 제1막의 아름다운 창조의 이야기에 이어 나오는 제2막에서 새로운 세상의 관리자요 하나님의 대리인이었던 아담과 하와 커플은 하나님께 불순종하고 에덴동산에서 쫓겨나고 말았습니다. 그들로 말미암아 온 땅을 하나님의 생명으로 충만하게 하리라는 하나님의 계획은 이루어지지 않았습니다. 그 대신에 악이 점점 자라나기 시작했습니다. 살인, 미움, 전쟁, 그리고 우상숭배 같은 늪에 빠진 인간은 하나님의 형상을 잃어버리고 인간이 아닌 삶을 살아가기 시작했습니다.

노아의 가족들도 이내 하나님을 떠나서 사람을 섬기다가 급기야 하나님을 대적하는 바벨탑을 쌓기도 했습니다. 그래서 뿔뿔이 흩어진 인류를 위하여 부르심을 받은 아브라함의 자손인 이스라엘은 하나님의 사랑 받는 아들이요(출 4:22), 주님의 신부처럼 귀중히 여김을 받았습니다(사 54:6). 그러나 아담이 에덴에서 불순종함으로 쫓겨났듯이, 이스라엘 백성도 약속의 땅에서 하나님을 떠나 우상숭배에 빠짐으로 그들도 역시 그 땅에서 쫓겨나고 말았습니다.

생각해보기

❀ 성경 서사시의 초반 3막은 비극으로 전개됩니다. 왜 그렇게 되었습니까?

하나님의 영광을 위하여 부르심을 받은 아담 부부, 노아 가족, 그리고 이스라엘 백성은 하나같이 하나님의 계획에 부응하지 못했습니다. 그러나 하나님의 계획은 중단되지 않았습니다. 새로운 절정의 때가 오고 있었습니다. 그것은 선지자와 예언자들에게 어렴풋이 알려진 것이었습니다. 그들의 예언은 다음과 같이 하나의 절정의 때를 가리키고 있습니다:

이사야의 예언(이사야 11:6~10)

6. 그 때에 이리가 어린 양과 함께 살며 표범이 어린 염소와 함께 누우며
송아지와 어린 사자와 살진 짐승이 함께 있어 어린 아이에게 끌리며
7. 암소와 곰이 함께 먹으며 그것들의 새끼가 함께 엎드리며
사자가 소처럼 풀을 먹을 것이며
8. 젖 먹는 아이가 독사의 구멍에서 장난하며
젖 뗀 어린 아이가 독사의 굴에 손을 넣을 것이라
9. 내 거룩한 산 모든 곳에서 해 됨도 없고 상함도 없을 것이니
이는 물이 바다를 덮음 같이 여호와를 아는 지식이 세상에 충만할 것임이니라
10. 그 날에 이새의 뿌리에서 한 싹이 나서 만민의 기치로 설 것이요
열방이 그에게로 돌아오리니 그가 거한 곳이 영화로우리라

에스겔의 예언(에스겔 36:26~28)

26. 또 새 영을 너희 속에 두고 새 마음을 너희에게 주되
너희 육신에서 굳은 마음을 제거하고 부드러운 마음을 줄 것이며
27. 또 내 영을 너희 속에 두어 너희로 내 율례를 행하게 하리니
너희가 내 규례를 지켜 행할지라
28. 내가 너희 조상들에게 준 땅에서 너희가 거주하면서 내 백성이 되고
나는 너희 하나님이 되리라

말라기의 예언(말라기 4:5~6)

5. 보라 여호와의 크고 두려운 날이 이르기 전에
내가 선지자 엘리야를 너희에게 보내리니
6. 그가 아버지의 마음을 자녀에게로 돌이키게 하고
자녀들의 마음을 그들의 아버지에게로 돌이키게 하리라
돌이키지 아니하면 두렵건대 내가 와서 저주로 그 땅을 칠까 하노라 하시니라

선지자들은 새로운 세상이 올 것을 예언했습니다. 이사야는 하나님의 감동을 받아 말하기를, 사자와 어린 양이 함께 뒹구는 세상이 오리라고 했습니다. 에스겔은 우리의 굳은 마음이 다 제거되고 우리 속에 부드러운 마음을 주시는 때가 올 것을 예언했습니다. 말라기는 여호와의 크고 두려운 날이 이르기 전에 선지자 엘리야 같은 사람이 올 것이라고 말했습니다. 그는 아버지의 마음을 자녀에게로, 자녀들의 마음을 아버지에게로 돌이키게 할 것입니다. 그래서 그는 여호와의 크고 두려운 날을 앞서서 준비할 사람이었습니다. 그 엘리야는 바로 예수님의 길을 준비한 세례 요한이었습니다.

생각해보기

※ 성경 드라마의 절정에 해당하는 제4막을 기다리면서 예언자들은 어떤 예언을 했습니까? 그 핵심 내용을 적어보세요.

① 이사야: ....

② 에스겔: ....

③ 말라기: ....

절정의 제4막, 나사렛 예수

우울하게 끝날 것만 같던 드라마가 제4막에 들어서면서부터 달라집니다. 하늘에서는 천사들이 나와서 4막의 시작을 알리는 노래를 불렀습니다. "지극히 높은 곳에서는 하나님께 영광이요, 땅에서는 기뻐하심을 입은 사람들 중에 평화로다!" 그리고 하늘에 빛나는 별이 4막에서 멋지게 등장합니다. 그리고 4막의 주인공이신 예수 그리스도께서 세례를 받으시고 마침내 하나님의 드라마에 나타나셨습니다. 그리고 이렇게 외치셨습니다: "마침내 때가 찼고 하나님의 나라가 가까이 왔으니 회개하고 복음을 믿으라!"(막 1:15)

오랫동안 기다리던 때가 드디어 왔습니다. 그리스도께서 하나님의 나라가 왔다고 선언하셨습니다. 이 땅을 뒤덮고 있던 어두움의 권세는 그 힘을 잃기 시작했습니다. 질병도 죄악도 그 힘을 잃고 마침내 사망마저도 새로운 시대를 여는 메시아 앞에서 권세를 잃었습니다. 그리고 그 메시아께서는 새로운 백성을 불러모으셨습니다. 모두 열두 명을 사도로 세우시고 그들에게 온 천하에 다니며 만민에게 복음을 전하라고 명령하셨습니다. 그렇게 해서 옛날 아담에게 주어진 임무요, 노아의 가족에게 주신 축복이요, 이스라엘 백성에게 기대하셨던 사명이 예수님의 제자들에게 주어졌습니다.

생각해보기

❀ 예수께서 '열두' 명의 제자들을 사도로 부르신 이유는 무엇이라고 생각할 수 있습니까?

....

....

제5막의 주인공, 교회

이 위대한 일을 하도록 남겨진 교회는 드디어 제5막의 주인공입니다. 우리들이 속해 있는 제5막은 예수님의 승천 이후부터 시작됩니다. 5막에서는 하나님의 위대한 이야기의 절정인 예수 그리스도께서 어떻게 온 세상을 구원하셨는지, 그리고 그런 구원을 위해 어떻게 자신을 희생하셨고 어떻게 사망 권세를 이기셨는지를 기념하고 노래하고 선포합니다. 또한 하나님이 예수 그리스도를 만 왕의 왕이 되게 하시려고 어떻게 하늘로 올리셨는지를 전하면서 교회는 그 왕의 통치를 대행하여 이 땅에서 하나님의 영광을 드러내는 일에 동참합니다.

그 일을 맡은 우리들을 교회라고 하며 교회(헬. *에클레시아 ekklesia*)는 '부르심을 받은 자들의 모임'이라는 의미가 있습니다. 우리들은 하나님께서 만드실 새로운 세상에서 왕 노릇하라고 부르심을 받았습니다. 우리들은 아담처럼, 노아처럼, 그리고 이스라엘 백성들처럼 새로운 세상에서 하나님의 통치를 대행하는 임무를 받은 사람들입니다. 그러므로 제5막의 주인공은 교회인 우리들입니다.

생각해보기

❀ 제5막의 주인공인 '교회'라는 말의 의미는 무엇입니까?

❀ 하나님의 드라마를 통해서 볼 때 교회가 맡은 사명은 무엇입니까?

❀ 하나님께서 세상을 통치하시는 방법은 대리인을 통한 위임통치입니다. 각 막의 대리인은 누구입니까? 그리고 그들에게 주어진 임무는 무엇입니까?

제1막 : (　　　　) 임무 ....

제2막 : (　　　　) 임무 ....

제3막 : (　　　　) 임무 ....

제4막 : (　　　　) 임무 ....

제5막 : (　　　　) 임무 ....

우리들은 지나간 1, 2, 3막을 잘 살펴서 그들이 하나님께 어떻게 임무를 받았는지 연구해야 합니다. 그리고 하나님께서 그들을 통해서 어떻게 이 세상을 다스리고 복 주기를 원하셨는지 이해해야 합니다. 사도 바울은 그것을 그리스도의 비밀, 또는 하나님의 경륜이라고 말했습니다(엡 3:2,9).

우리들이 다섯 번째 막을 산다는 것은 이제 이 이야기가 최종 목적지를 향해 나아가도록 우리가 매개 역할을 한다는 것입니다. 일단 최종 목적지에 도달하면 성전도, 성찬도 필요가 없을 것이며, 우리가 지금처럼 드리는 기도는 더 이상 없을 것입니다. 그 날에는 우리가 항상 하나님 앞에서 그의 사랑 속에 잠길 것이기 때문입니다. 또한 성경도 더 이상 읽을 필요가 없을 것입니다. 이는 성경이 무익한 것이어서가 아니라, 그 때가 되면 이 책의 역할이 우리가 이미 도달한 목적지까지 안내하는 것이었음을 깨닫게 될 것이기 때문입니다. 구약성경과 신약성경의 관계도 이와 같습니다(톰 라이트, 성경과 하나님의 권위).

생각해보기

❀ 다섯 개의 막이 모두 끝나면 어떻게 됩니까? 그 때에는 성경이 왜 필요하지 않습니까? 그 때에는 기도가 지금과는 달라집니다. 어떤 모습으로 달라질까요?

■ 요약 ■

하나님의 경륜 (1) 위임 받은 청지기

하나님께서는 항상 위대한 계획을 가지고 세상을 경영하십니다. 하나님은 만물을 지으셨으므로 그것을 늘 보호하시고 주관하십니다. 그리고 그 나라를 만들어가실 때, 그 일을 함께 할 대상 곧 대리인으로 인간을 창조하시고 임명하셨습니다. 아담과 노아, 그리고 아브라함과 이스라엘 백성들은 다 하나님의 대리인으로서 일을 했습니다. 그리고 역사의 절정에 하나님의 아들이신 예수 그리스도께서 오셔서 새로운 역사를 시작하셨습니다. 그것은 하나님 나라의 일입니다. 그리고 승천하신 후에 하나님의 뜻을 가슴에 품고 살아갈 대리인으로 교회를 남겨두셨습니다. 우리들은 모두 하나님께서 이끌어가시고 만들어가시는 위대한 나라의 백성이며, 그 드라마의 배우들입니다. 그리고 그 위대한 나라의 이야기를 들려주는 것이 바로 성경입니다. 우리와 함께 하시고 일하시는 하나님의 역사에 믿음으로 동참합시다. 그것이 바로 성도의 특권입니다.

생각해보기

❀ 나는 하나님의 드라마에서 배역을 맡은 사람임을 인식하고 있습니까? 이 사실을 생각해 볼 때, 나는 앞으로 어떤 인생을 설계하고 살아야 합니까?

위임 받은 대리인들

하나님은 세상을 통치하시려고
대리인(청지기)을 부르신다.

하나님의 경륜은
대리인을 통한 위임통치다.

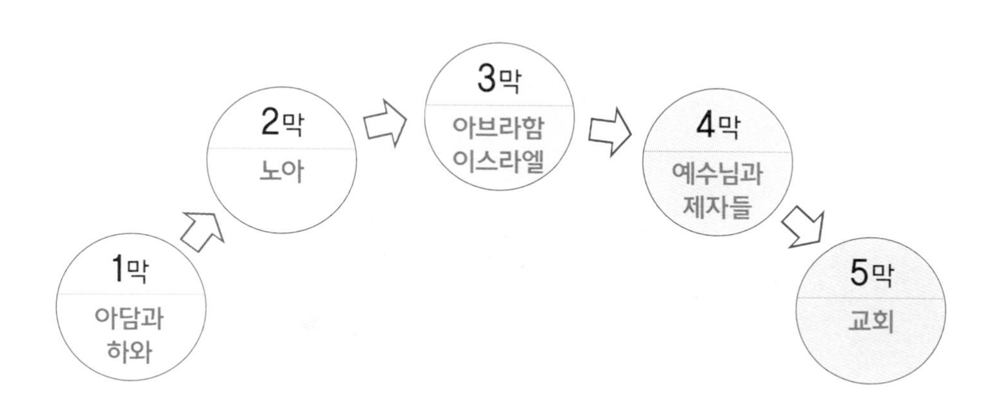

God's Master Plan
하나님의 경륜

예수께서 대답하여 이르시되

사람이 나를 사랑하면 내 말을 지키리니

내 아버지께서 그를 사랑하실 것이요

우리가 그에게 가서

거처를 그와 함께 하리라

나를 사랑하지 아니하는 자는

내 말을 지키지 아니하나니

너희가 듣는 말은 내 말이 아니요

나를 보내신 아버지의 말씀이니라

요한복음 14:23~24

02

하나님의 처소

시편 91:1~16

요한복음 14:23~24

하나님의 경륜 시리즈

02

하나님의 처소

시편 91:1~16
요한복음 14:23~24

하나님의 경륜을 이해함이 중요하다

지난 주에 이어 하나님의 경륜(經綸) 시리즈로 설교하는 두 번째 시간입니다. 성경은 하나님이 하신 일을 기록하여 보여줍니다. 하나님이 하신 일을 잘 보면 하나님은 어떤 계획을 따라 일하신다는 것을 알 수 있습니다. 그래서 우리는 성경을 읽으면서 하나님의 뜻을 발견합니다. 성경을 읽으면서 발견하는 하나님의 뜻은 대개 직접적으로 성경이 말하는 바를 통해 드러납니다. 예를 들면, "너희 아버지의 자비로우심 같이 너희도 자비로운 자가 되라"(눅 6:36)는 말씀을 읽으면, 하나님의 뜻은 우리가 자비로운 사람이 되라는 것이로구나 하는 것을 금방 알게 됩니다.

그런데 성경을 읽다 보면 하나님이 하시는 일에는 여러 종류가 있음을 알게 됩니다. 그래서 우리는 이렇게 질문할 수 있습니다. '왜 하나님은 그런 일을 하셨을까?' 이런 질문을 통해서 우리는 하나님의 뜻을 좀 더 넓은 범위에서 이해할 수 있습니다. 그러므로 성경을 전체적으로 읽고 큰 틀에서 이해하려는 노력은 하나님의 경륜(계획)을 이해하는데 도움이 됩니다.

생각해보기

❀ 성경에서 하나님의 뜻을 찾는 두 가지 방법은 어떤 것입니까?

어떤 아버지가 아들에게 오늘 읍내에 가서 이것 저것을 사 오너라는 심부름을 보낸다고 합시다. 아들은 아버지가 사 오라는 대로 가서 그 품목을 사 올 수 있습니다. 그런데 만약에 최근에 봄이 되어 아버지가 못자리를 새로 만들려는 계획을 갖고 있다는 것을 아들이 알고 있다면, 왜 아버지가 그런 심부름을 보내는지 이해할 수 있습니다. 그리고 아버지의 뜻에 맞게 심부름을 제대로 할 수 있습니다. 성경을 읽을 때도 우리가 하나님의 의도를 이해하고 각 계명이나 말씀 구절을 살핀다면 성경 말씀을 오해하지도 않고 하나님의 뜻을 온전하게 따를 수 있을 것입니다. 그것은 매우 중요한 일입니다. 왜냐하면 기독교는 2,000년 역사 속에서 하나님의 뜻을 오해하여 과오(過誤)를 많이 범했기 때문입니다. 그리고 오늘 우리가 이 시대에 하나님의 백성으로서 하나님의 말씀을 따라 살고자 할 때마다 바른 판단 기준을 필요로 하기 때문입니다.

생각해보기

❀ 하나님의 의도를 이해하는 것은 왜 중요합니까?

예를 들어 보겠습니다. 지난 2013년 부산에서 열린 세계교회협의회(WCC) 10차 총회에서는 총회를 개최한 측과 개최를 반대하는 측 사이에 갈등이 있었습니다. 두 진영 다 그리스도인들이고 목회자들인데 같은 사안에 대해서 정반대의 입장을 보였습니다. 이런 갈등은 지금까지 많은 부분에서 드러납니다. 세월호 사건에 대한 교계 입장의 차이, 동성애에 대한 입장의 차이 등 기독교회 안에서도 성경 말씀을 가지고 다른 입장을 굳게 붙잡고 있는 일들은 지금까지도 많았지만 앞으로는 더욱 많아질 것입니다. 더구나 가톨릭 교회처럼 교황을 수장으로 한 단일 체제를 가졌다면 그런 문제가 덜 불거질 수도 있겠지만, 개신교회는 개교회의 입장과 각 목회자의 주장을 마음껏 내놓을 수 있는 처지라 갈등 상황이 더 많아질 수 있습니다.

생각해보기

❀ 그리스도인들이나 교회들이 서로 의견을 달리하는 것에는 어떤 것이 있습니까?

이런 상황 가운데 살고 있기 때문에 우리들이 성경 전체를 통해서 하나님의 뜻이 무엇인지를 생각하는 능력을 갖추고 그런 태도로 성경을 읽으려는 자세는 꼭 필요한 일입니다. 그래서 저는 지난 주부터 성경 전체를 통하여 흐르는 하나님의 뜻이 무엇인지에 대해서 10주 동안 설교를 하겠다고 말씀드렸습니다. 그리고 지난 주에 그 첫 시간으로 하나님의 대리인으로 지음 받은 인간에 대하여 살펴보았습니다.

아담이 하나님의 형상으로 지음을 받아 온 세상을 다스리라는 임무를 받았습니다. 아브라함의 자손 이스라엘 백성은 하나님의 제사장의 나라가 되어 온 세상에 복을 줄 수 있는 나라가 되는 임무를 받았습니다. 그리고 예수님이 부르시고 세우신 교회는 온 천하에 다니며 만민에게 복음을 전하라는 대리인적 임무를 받았습니다. 물론 아담은 불순종함으로 그 임무를 저버렸습니다. 이스라엘 백성도 마찬가지입니다. 그래서 아담은 에덴동산으로부터 쫓겨났고 이스라엘 백성은 예루살렘 성전이 있는 약속의 땅에서 쫓겨났습니다. 그리고 예수님의 열두 사도 위에 세워진 하나님의 교회는 새 이스라엘 백성이 되어 하나님의 대리인적 임무를 맡았습니다. 세상을 다스리시는 하나님의 일에 동참할 수 있는 하나님의 동역자(同役者)가 되었습니다.

생각해보기

❀ 하나님이 세상을 통치하시는 방법은 대리인을 통한 방법입니다. 그 대리인들은 누구였으며 오늘날에는 누가 하나님의 대리인입니까?

그러면 하나님의 대리인으로서 우리는 어떻게 그 소임을 다할 수 있을까요?

하나님의 처소에서 살아간 아담의 경우

하나님은 사람을 지으시고 에덴동산에 두셨습니다. 거기 에덴동산에서 아담은 살았습니다. 하나님이 아담에게 그곳을 경작하고 지키라고 말씀하셨습니다(창 2:15). 그리고 시간이 지나 하나님이 에덴동산의 아담을 보셨습니다. 하나님은 각종 들짐승과 공중의 각종 새를 흙으로 지으시고 그것을 아담에게로 이끌어 보내시며 아담이 어떻게 이름을 짓나 보고자 하셨습니다.

하나님은 빛을 지으시고 그것을 낮이라 부르시고 어둠을 밤이라 부르셨습니다(창 1:5). 궁창을 지으시고 그것을 하늘이라고 부르셨습니다. 천하의 물을 한 곳에 모으시고는 그것을 바다라고 부르셨습니다. 이렇게 하나님이 무엇을 '부르신다(히. *카라 qara*, to call)'는 것은 그것에게 이름을 부여함으로 '다스리신다'는 의미입니다. 이제 하나님이 아담에게 각종 들짐승과 공중의 새들을 만들어 보내셨을 때, 아담은 그것들의 이름을 부르고 그 이름대로 되었습니다(창 2:19~20). 그것은 하나님의 말씀대로 아담이 피조세계를 잘 통치하고 있으며 그 임무를 잘 하고 있음을 보여줍니다. 에덴동산에서 아담은 성공적으로 그 임무를 수행하고 있었습니다.

생각해보기

❀ 창세기 1장에서 '부르다'라는 의미가 '다스리다'는 뜻으로 이해될 수 있습니다. 그 근거는 무엇입니까?

이렇게 아담이 그 임무를 잘 수행할 수 있었던 데는 그 이유가 있습니다. 하나님이 그에게 하나님의 생기 곧 하나님의 영을 불어넣어 주셨기 때문입니다. 하나님의 영은 태초에 수면 위에 운행하고 있었습니다(창 1:2). 수면 위에 운행한다는 말은 마치 비둘기가 물 위를 날고 있는 모습을 보여줍니다. 하나님의 영은 수면 위를 날면서 아직 거할 곳을 찾지 못하고 있었습니다. 그런데 창조의 제6일째 하나님의 영은 마침내 흙으로 만든 사람 안에서 거할 자리를 잡았습니다. 그리고 하나님은 그를 하나님이 거주하시는 동산에 두셨습니다. 그 동산에는 생명나무가 있으며 네 줄기의 강물이 흘러나오며 금과 보석이 있는 곳이었습니다. 그것은 하나님이 계신 곳이 아름답고 거룩한 곳임을 알려주는 표시와 같은 것이었습니다. 아담은 이렇게 고백할 것입니다:

> 내게 능력 주시는 자 안에서 내가 모든 것을 할 수 있느니라
>
> (빌립보서 4:13)

그러나 아담과 하와가 하나님께 불순종함으로 에덴동산에서 쫓겨났을 때 하나님 앞에서 하나님과 더불어 살아갈 수 없었습니다. 그리고 세

상은 죄로 가득하게 되었습니다. 하나님은 불순종하는 인간이 육체가 되고 하나님의 영이 거할 수 없는 곳이 되자 이렇게 말씀하셨습니다:

> 나의 영이 영원히 사람과 함께 하지 아니하리니 이는 그들이 육신이 됨이라 (창세기 6:3)

하나님의 영이 떠난 인간은 그 호흡마저 끊김을 당하였습니다. 그들은 홍수로 말미암아 물에 수장되었습니다. 그리고 노아의 후손들도 이내 하나님을 대적하는 바벨탑을 쌓다가 온 땅에 흩어져 버리고 말았습니다(창 11장).

생각해보기

❀ 타락하기 전 아담이 하나님의 대리인으로서의 임무를 잘 수행할 수 있었던 이유는 무엇이라고 생각합니까?

....

....

하나님의 처소에서 살아간 이스라엘의 경우

이렇게 하나님 앞에서 떠나 갈 길을 잃고 방황하고 있는 인류에게 하나님은 다시 한번 찾아오셨습니다. 우상의 도시 갈대아 우르 땅에 살고

있던 아브라함을 부르시면서 하나님은 다음과 같이 말씀하셨습니다:

> 너는 너희 고향과 친척과 아버지 집을 떠나 내가 네게 보여줄 땅으로 가라 (창세기 12:1)

아브라함은 고향을 떠나 하나님이 인도하시는 대로 길을 떠났습니다. 하란을 지나 계속 여행을 했습니다. 하나님은 아브라함을 어디로 데려가시려는 것일까요? 거기서 무엇을 하시려는 것일까요? 하나님이 인도하시던 대로 따라가던 아브라함이 마침내 도착한 곳은 가나안 땅이었습니다(창 12:5). 가나안 땅은 하나님이 아브라함과 그의 자손에게 주리라고 약속하신 땅이었습니다. 우상의 도시에서 이끌어내신 하나님이 아브라함을 가나안으로 인도하시고, 그의 자손 이스라엘 민족을 애굽의 종살이 하던 곳에서 이끌어 내셔서 다시 가나안 땅으로 인도하셨습니다. 이처럼 아브라함을 가나안으로 인도하시고 이스라엘 자손을 다시 가나안으로 건져내어 이끄신 하나님의 계획은 무엇이었을까요?

하나님이 아브라함을 부르신 목적은 그를 통하여 천하만민에게 복을 주시려는 것입니다(창 12:3). 아담을 통하여 피조세계가 복을 받듯이, 노아를 통하여 모든 생물이 복을 받듯이, 하나님은 다시 한번 아브라함과 그의 자손을 통하여 천하만민에게 복을 주시려는 것입니다. 아담이 에덴동산에서 하나님과 더불어 살 때 그의 임무를 잘 수행했던 것처럼, 하나님은 하나님의 처소로 그 백성을 인도하셔서 그들을 통해서 하나님의 계획을 이루시려는 것입니다. 갈대아 우르나 하란은 우상의 도시입니다. 우상숭배에 빠져 살면서는 하나님의 뜻을 이룰 수 없습니다.

애굽은 종살이를 하는 노예생활의 땅입니다. 세상의 종살이를 하면서 하나님의 뜻을 이룰 수는 없습니다. 그래서 하나님은 그 백성을 가나안 땅으로 인도하셔서 거기에서 하나님의 처소를 지으시고 함께 살면서 그들을 통하여 열방이 복을 받게 하는 계획을 이루시려는 것입니다.

생각해보기

❀ 갈대아 우르에서 살던 아브라함을 하나님이 부르셔서 인도하신 땅은 어디입니까? 그리고 왜 하나님은 아브라함을 그 땅에서 나오게 하셨습니까?

이런 목적으로 하나님은 가나안 땅에 성전을 세우게 하셨습니다. 성전은 하나님이 그 백성과 함께 하신다는 성막의 확장판입니다. 성막의 지성소는 10규빗 정육면체였고 성전의 지성소는 20규빗의 정육면체였습니다. 지성소 위에는 하나님이 늘 함께 계신다는 의미로 불기둥과 구름기둥이 하늘로 솟아 있었습니다. 그것은 바로 "여기가 하나님의 처소다! 하나님이 이스라엘 백성과 함께 여기서 사신다!"는 의미였습니다. 이스라엘 백성은 하나님의 처소요 하나님의 도성인 예루살렘에 가는 것을 가장 큰 기쁨으로 여겼습니다. 이스라엘 백성들은 이런 노래를 부르면서 하나님의 성전에 가기를 사모했습니다:

> 지존자의 은밀한 곳에 거주하며 전능자의 그늘 아래에 사는 자여, 나는 여호와를 향하여 말하기를 그는 나의 피난처요 나의 요새요 내가

의뢰하는 하나님이라 하리니 (시편 91:1~2)

만군의 여호와여 주의 장막이 어찌 그리 사랑스러운지요 내 영혼이 여호와의 궁정을 사모하여 쇠약함이여 내 마음과 육체가 살아 계시는 하나님께 부르짖나이다 나의 왕, 나의 하나님, 만군의 여호와여 주의 제단에서 참새도 제 집을 얻고 제비도 새끼 둘 보금자리를 얻었나이다 주의 집에 사는 자들은 복이 있나니 그들이 항상 주를 찬송하리이다(셀라) (시편 84:1~4)

주의 궁정에서의 한 날이 다른 곳에서의 천 날보다 나은즉 악인의 장막에 사는 것보다 내 하나님의 성전 문지기로 있는 것이 좋사오니 (시편 84:10)

다윗은 아예 이렇게 외칩니다:

내 평생에 선하심과 인자하심이 나를 따르리니 내가 여호와의 집에 영원히 살리로다! (시편 23:6)

생각해보기

❀ 성막과 성전에서 하늘로 솟은 불기둥과 구름기둥이 의미하는 바는 무엇입니까?

❀ 이스라엘의 경건한 사람들은 왜 하나님의 성전에 머물기를 그렇게 원했을까요?

하나님의 집에 거하기를 사모하고 주님의 처소에 머물기를 좋아하던 다윗은 그의 임무를 잘 수행했습니다. 하나님도 그를 기뻐하셔서 "내가 이새의 아들 다윗을 만나니 내 마음에 맞는 사람이라 내 뜻을 다 이루리라"(행 13:22)고 말씀하셨습니다. 하나님은 다윗을 통하여 하나님의 뜻을 이루기 시작하셨습니다. 다윗의 나라에 계신 하나님의 소문을 듣고 천하만국에서 사람들이 몰려왔습니다. 어떤 이들은 귀한 선물을 들고 왔습니다.

> 솔로몬 왕이 마시는 그릇은 다 금이요 레바논 나무 궁의 그릇들도 다 순금이라 솔로몬의 시대에 은을 귀하게 여기지 아니함은 왕의 배들이 후람의 종들과 함께 다시스로 다니며 그 배들이 삼 년에 일 차씩 다시스의 금과 은과 상아와 원숭이와 공작을 실어옴이더라 솔로몬 왕의 재산과 지혜가 천하의 모든 왕들보다 큰지라 (역대하 9:20~22)

생각해보기

❀ 하나님이 다윗을 통하여 이루고자 하셨던 그 뜻은 무엇일까요?

그러나 솔로몬 왕은 에덴동산의 아담처럼 하나님의 뜻을 거역하고 말았습니다. 그리고 그의 뒤를 이은 왕들도 이스라엘 백성과 더불어 하나님을 배반하고 거룩한 하나님의 성전을 우상으로 더럽히고 말았습니다. 그래서 하나님은 그들의 성전을 떠나셨습니다. 그리고 얼마 후 그들의 자랑이던 솔로몬의 성전과 궁궐은 강대국의 침략을 받아 빈털터리가 되고 말았습니다. 성전도 무너지고 더 이상 찬송소리도 들리지 않고 제사를 올리는 연기도 볼 수 없고 황량하게 되어 여우들이 소굴로 삼는 곳이 되고 말았습니다. 이것이 바로 옛 이스라엘 백성의 역사입니다.

생각해보기

❀ 위 내용을 볼 때 아담이 에덴동산에서 쫓겨난 이유와 이스라엘 백성이 그 땅에서 쫓겨난 이유는 동일합니다. 무엇입니까?

하나님의 처소로서 살아가신 예수 그리스도

예루살렘 성전에서 떠나신 하나님의 성령께서는 어디로 가셨을까요? 물론 하늘로 올라가셨을 것입니다(겔 10:18~22). 세월이 지나 이스라엘 백성들은 다시 성전을 지어보려고 했습니다. 그러나 그들의 마음은 늘 이리 저리 갈라지고 흩어져 제대로 되는 일이 없었습니다. 그리고 백성들을 다스리던 새로운 왕 헤롯은 교활한 사람이었습니다. 그는 하나님을 경외하지 않는 악인이었지만 유대인들의 마음을 얻고자 성전을 건축했습니다. 많은 돈을 들여 오랫동안 성전을 건축하는 헤롯왕을 보면서 유대인들은 그를 좋아했습니다. 그러나 그 헤롯이 지은 성전은 그럴 듯 해 보였지만 하나님의 성령께서는 거기에 머물지 않으셨습니다. 그것은 이름만 성전이지 실상은 강도의 소굴이었습니다. 왜 그렇습니까? 하나님이 계시는 처소가 성전이기 때문입니다.

생각해보기

❀ 예수님 당시에 있던 예루살렘 성전은 건물로서는 아름답고 웅장했지만 진정한 성전이 아니었습니다. 왜 그렇습니까?

그런데 이상한 일이 일어났습니다. 세례 요한이라는 예언자가 일어나 사람들에게 요단강에서 세례를 베풀고 있었습니다. 어느 날 세례 요한이 어떤 청년에게 세례를 베풀 때 그 전에는 볼 수 없었던 특별한 일이 일어났습니다. 요한이 갈릴리에서 온 그 청년에게 세례를 주고 그 청년이 물 속에서 올라올 때 하늘을 날던 비둘기처럼 성령이 그 청년 위에 내려왔습니다. 그리고 하늘에서 이런 음성이 들려왔습니다:

이는 내 사랑하는 아들이요 기뻐하는 자다 (마태복음 3:17)

그 옛날 솔로몬 성전에서 떠나 하늘로 가신 성령께서는 강도의 소굴인 예루살렘 성전에 계시지 않고 갈릴리에서 온 나사렛 예수라는 청년 위에 비둘기처럼 내려와 앉으셨습니다. 그렇게 해서 하나님은 다시 이 땅 위에 새로운 거처를 찾으셨습니다. 이 사실을 요한 사도는 이렇게 멋진 말로 표현합니다:

> 말씀이 육신이 되어 우리 가운데 거하시매(헬. *에스케노센 eskenosen* < *스케네 skene*, 장막 tent, tabernacle) 우리가 그의 영광을 보니 아버지의 독생자의 영광이요 은혜와 진리가 충만하더라 (요한복음 1:14)

생각해보기

❀ 예수님이 세례를 받으시던 때 비둘기처럼 성령이 그 위에 머물렀습니다. 이것은 무슨 의미라고 생각하나요?

전에 에덴동산에서 아담의 코에 생기로 들어간 하나님의 성령(숨)이, 또한 가나안 땅에서 하나님의 백성들 가운데 성전을 거처로 삼으시고 그들 가운데 불기둥과 구름기둥의 영광으로 나타나신 하나님이 이제 육신으로 오신 예수님 안에 거하셨습니다. 예수께서는 성령이 함께 하셔서 하나님의 임무를 잘 수행하셨습니다. 예수님 안에는 하나님이 계셨습니다. 그리고 예수님은 하나님 안에 계셨습니다. 그래서 빌립이라

는 예수님의 제자가 하나님을 보게 해 달라고 부탁할 때 예수께서는 이렇게 말씀하셨습니다:

> 내가 아버지 안에 거하고 아버지는 내 안에 계신 것을 네가 믿지 아니하느냐 내가 너희에게 이르는 말이 스스로 하는 것이 아니라 아버지께서 내 안에 계셔서 그의 일을 하시는 것이라 (요한복음 14:10)

예수님은 하나님의 움직이는 성전이었습니다. 그래서 가짜 성전을 애지중지하는 바리새인들에게 "너희가 이 성전을 헐라 내가 사흘 동안에 다시 일으키리라!"(요 2:19)고 말씀하셨습니다. 유대인들은 깜짝 놀라면서 말하기를, 사십육 년 동안 짓고 있는 이 성전을 어떻게 사흘 만에 다시 일으키겠는가 하고 이상하게 생각했습니다. 그러나 예수께서는 진짜 성전인 자신의 육체를 가리키는 말씀이었습니다.

생각해보기

❀ 예수님은 하나님 안에 계시고 하나님은 예수님 안에 계신다는 말이 무엇을 의미합니까?

....

....

예수께서는 아버지께로 돌아가실 때가 가까이 오자 걱정하는 제자들에게 안심하라고 이렇게 말씀하셨습니다:

> 너희는 마음에 근심하지 말라 하나님을 믿으니 또 나를 믿으라 내 아버지 집에 거할 곳이 많도다 그렇지 않으면 너희에게 일렀으리라 내가 너희를 위하여 거처(헬. *모네 monē*, dwelling)를 예비하러 가노니, 가서 너희를 위하여 거처를 예비하면 내가 다시 와서 너희를 내게로 영접하여 나 있는 곳에 너희도 있게 하리라 (요한복음 14:1~3)

지금은 아버지의 집에 오직 예수님만이 거처를 갖고 계십니다. 그러나 예수께서 우리를 위한 화목제물이 되셔서 하나님의 지성소로 들어가면 우리도 하나님의 보좌 앞에 담대히 나아갈 수 있는 우리의 거처, 우리의 보좌를 준비해 주시겠다는 말씀입니다. 그렇게 주님을 사랑하고 순종하는 그 백성들을 위로하고 격려하십니다.

> 예수께서 대답하여 이르시되 사람이 나를 사랑하면 내 말을 지키리니 내 아버지께서 그를 사랑하실 것이요 우리가 그에게 가서 거처(헬. *모네 monē*, dwelling)를 그와 함께 하리라 (요한복음 14:23)

주님을 사랑하는 자들에게 오셔서 하나님과 예수님이 '거처'로 삼으신다는 말씀입니다. 전에는 예수님 위에만 성령이 임하시고 예수님 안에만 하나님이 계셨는데 이제는 주님을 사랑하는 이들도 하나님이 거하시는 '거처'가 되게 하시겠다는 말씀입니다. 그러나 아직은 때가 아니니 가서 준비하겠다는 말입니다. 지금은 예수님 위에만 성령이 비둘기처럼 임하여 있지만 그 날에는 주님을 사랑하는 이들에게도 동일하게 그런 일이 일어난다는 약속입니다.

생각해보기

❀ 아버지 집에 거할 곳이 많은데 우리들이 거할 거처를 마련하신다고 예수께서 말씀하셨습니다. 예수님은 어떻게 그 거처를 마련하실까요?

하나님의 처소로서의 교회

예수께서는 이 땅에서 하나님의 처소요 하나님의 성전으로서 소임을 마치시고 하늘로 승천하셨습니다. 이 땅에서는 예수님의 제자들이 주님의 약속을 기다리면서 기도하고 있었습니다. 그들의 기도는 아마 이런 것이었을 것입니다.

우리들에게 약속하신 대로 하나님의 성령을 보내주소서.
예수님 위에 비둘기 같이 임하신 성령께서
우리들에게도 임하여 주옵소서.
예수님 안에 하나님이 거처를 삼으신 것처럼
그래서 모든 선한 일을 넘치게 하신 것처럼
우리들에게도 하나님이 거처를 삼으사
예수님이 하시던 일을 우리도 하게 해 주옵소서.

그렇게 주님을 사랑하는 제자들이 간절히 기도할 때 그들이 앉아 기도하던 방안에 약속대로 성령이 오셨습니다. 그런데 그 성령은 각 사람의 머리 위에 비둘기가 앉듯이 앉았습니다. 그런데 모습은 비둘기가 아니라 불꽃이었습니다. 마치 성막 위에 하나님의 영광으로 임한 불기둥처럼 제자들이 거룩한 하나님의 성전임을 도장을 찍어 확증해주기라도 하듯이 불의 혀 같이 갈라지는 것이 각 사람 위에 하나씩 머물렀습니다. 제자들은 성령이 충만해졌습니다. 그리고 성령이 시키는 대로 그들은 말하기를 시작했습니다. 그들은 새롭고 낯선 언어로 하나님을 찬양했습니다. 그리고 제자들은 예수님처럼 세상 권세를 두려워하지 않고 담대하게 복음을 증거했습니다.

전에는 오직 하나의 움직이는 성전이 있었습니다. 그 성전의 이름은 예수님입니다. 그런데 예수님 승천 이후로 성령이 모든 제자들에게 임하여 곳곳에 하나님의 성령이 함께 하시는 사람들이 걸어 다니는 성전으로 일하기 시작했습니다. 그렇게 교회가 사방에 일어나기 시작했습니다. 그 움직이는 성전들(The Mobile Temples)은 서로 모여 더 크고 아름다운 하나님의 처소가 되었습니다(엡 2:21~22).

생각해보기

❋ 오순절 날 마가의 다락방에서 120명의 제자들이 기도할 때 그들에게 성령이 임했습니다. 그것이 어떤 의미가 있나요?

이런 모습을 사도 바울은 이렇게 정리했습니다:

> 너희는 사도들과 선지자들의 터 위에 세우심을 입은 자라 그리스도 예수께서 친히 모퉁잇돌이 되셨느니라 그의 안에서 건물마다 서로 연결하여 주 안에서 성전이 되어 가고 너희도 성령 안에서 하나님이 거하실 처소가 되기 위하여 그리스도 예수 안에서 함께 지어져 가느니라 (에베소서 2:20~22)

제자들은 이 당시 예루살렘에 성전이 있음을 알고 있었습니다. 그것은 건물일 뿐 하나님의 성령이 거하지 않는 곳이라는 것도 잘 알고 있었습니다. 제자들은 참 성전이신 예수님과 더불어 이제는 자신들 안에 성령이 계시며 그들의 모임이 하나님의 처소가 된 사실을 확신했습니다. 사도 베드로는 자신의 이름인 베드로가 '돌'을 의미라는 것을 알고 있었습니다. 그리고 예수님과 더불어 제자들도 '산 돌'(living stones)이라는 것을 기억하라고 이렇게 편지합니다:

> 사람에게는 버린 바가 되었으나 하나님께는 택하심을 입은 보배로운 산 돌이신 예수께 나아가 너희도 <u>산 돌 같이 신령한 집으로 세워지고</u> 예수 그리스도로 말미암아 하나님이 기쁘게 받으실 신령한 제사를 드릴 거룩한 제사장이 될지니라 (베드로전서 2:4~5)

생각해보기

❀ 그리스도인은 하나님의 움직이는 성전입니다. 그러면 교회와 그리스도인과의 관계는 무엇입니까?

그런데 고린도교회의 어떤 성도들은 자신들이 하나님의 성전인 줄 모르고 이방인들과 함께 어울려 방탕한 생활을 했습니다. 옛날 에덴동산이라는 하나님의 처소에 살던 아담이 불순종하여 어떻게 되었습니까? 예루살렘 성전을 더럽힌 이스라엘 민족이 어떻게 되었습니까? 방탕하고 음란한 생활을 하는 성도들을 향하여 사도 바울은 이렇게 경고합니다:

> 너희는 너희가 하나님의 성전인 것과 하나님의 성령이 너희 안에 계시는 것을 알지 못하느냐 누구든지 하나님의 성전을 더럽히면 하나님이 그 사람을 멸하시리라 하나님의 성전은 거룩하니 너희도 그러하니라 (고린도전서 3:16~17)

우리 각 사람은 예수님처럼 하나님의 거처요 성전입니다. 하나님이 우리를 거처로 삼으시고 우리 안에 계십니다. 이미 우리 안에서 착한 일을 시작하셨습니다. 그리고 우리 주님이 다시 오실 때까지 그 일을 이루어가실 것입니다(빌 1:6).

생각해보기

❀ 고린도교인들이 책망을 받은 이유는 무엇입니까? 오늘날 우리들이 성전이라는 말씀은 우리에게 어떤 의미가 있습니까?

하늘의 처소, 새 예루살렘

요한계시록의 마지막 부분(21장)은 새 하늘과 새 땅이 시작되는 새 시대를 묘사합니다. 그 날에는 거룩한 성 새 예루살렘이 하늘에서 내려옵니다. 그리고 큰 음성이 들립니다:

> 보라, 하나님의 장막이 사람들과 함께 있으매 하나님이 그들과 함께 계시리니 그들은 하나님의 백성이 되고 하나님은 친히 그들과 함께 계셔서 모든 눈물을 그 눈에서 닦아 주실 것이다 (요한계시록 21:3~4a)

생각해보기

❀ 계시록에서 하나님이 우리와 함께 하시기 위해 하늘로서 준비해서 주신 것은 무엇입니까?

그리고 거룩한 성 예루살렘은 에덴동산처럼 정금과 각종 보석으로 되어 있습니다. 그리고 수정 같이 맑은 생명수의 강이 흐릅니다. 생명나무도 있습니다. 그곳이 바로 마지막으로 완성될 하나님의 처소입니다.

생각해보기

❀ 요한계시록 21장을 보면 하늘로서 내려오는 새 예루살렘과 에덴동산은 매우 유사합니다. 그 둘이 유사한 까닭은 무엇이라고 생각합니까?

■ 요약 ■

하나님의 경륜 (2) 하나님의 처소

성경은 처음부터 하나님의 처소인 에덴동산으로 시작합니다. 성막과 성전, 그리고 움직이는 성전인 예수님과 교회도 하나님의 처소요, 마지막 새 예루살렘도 하나님의 처소입니다. 이로써 우리는 하나님이 우리와 함께 하기를 얼마나 원하시는지 알 수 있습니다. 그리고 우리가 하나님의 처소로서 얼마나 귀하고 놀라운 존재인지 기억할 필요가 있습니다. 아울러 우리 안에 주님이 계셔서 우리가 주님의 일을 할 수 있도록 돕고 계시며, 또한 주님께 순종하고 믿음으로 헌신하는 이들을 통해서 주님의 계획이 얼마나 놀랍게 이루어질 수 있는지 우리 믿음의 선배들이 증언하고 있습니다. 그리고 그렇게 살아가는 우리를 보시고 산 돌이시며 참 성전이신 예수께서 정말 기뻐하실 것입니다. 하나님이 우리를 그 거처로 삼으셨으니 우리들은 하나님의 성전입니다. 그리고 우리 안에서, 우리를 통하여 하나님이 지금도 일하고 계십니다. 할렐루야!

생각해보기

❀ 성경 전체를 보면 하나님의 처소에 대한 이야기를 하는 것임을 알 수 있습니다. 하나님이 인간과 함께 거하려고 만드신 것에는 어떤 것들이 있나요?

....

....

❀ 왜 하나님은 인간과 그렇게 함께 하려고 하실까요?

....

....

❀ 인간이 하나님과 함께 할 때에 어떤 일이 일어나고, 하나님 앞을 떠날 때 어떤 일이 일어납니까? 인간이 하나님과 함께 하는 것이 왜 그렇게 중요합니까?

....

....

❀ 오늘 말씀을 통해 우리는 자신이 어떤 존재임을 알 수 있나요?

....

....

하나님의 처소

하나님은 자기 경륜을 이루기 위해
대리인을 부르시고 그들과 함께 하시려고
처소를 지으신다.
그리고 거기에 성령으로 함께 하신다.

그 결과 하나님의 처소는
만물을 회복(충만)하게 한다.

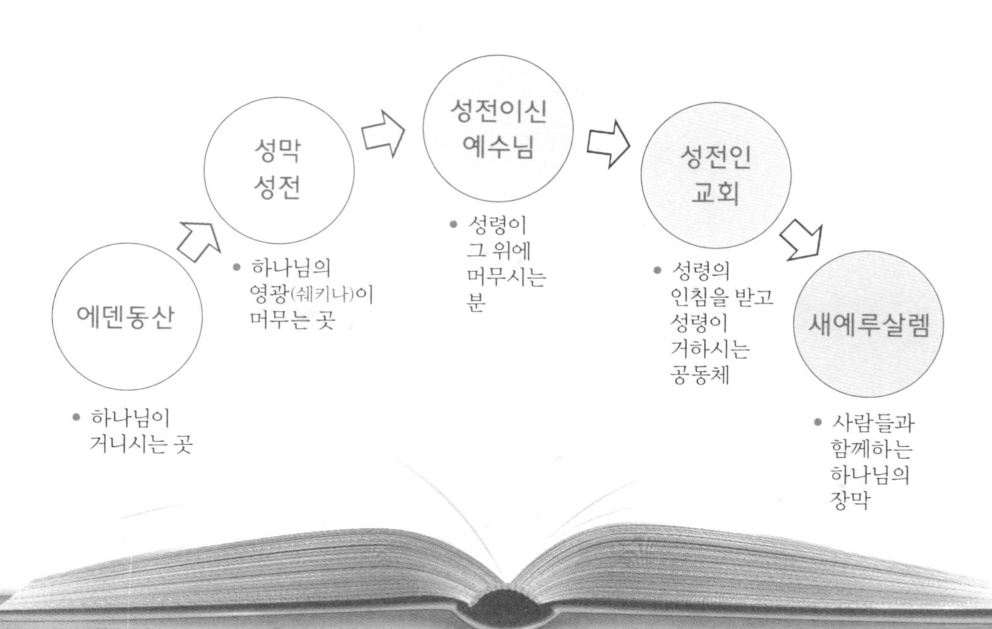

God's Master Plan
하나님의 경륜

그러나 너희는 택하신 족속이요

왕 같은 제사장들이요 거룩한 나라요

그의 소유가 된 백성이니

이는 너희를 어두운 데서 불러 내어

그의 기이한 빛에 들어가게 하신 이의

아름다운 덕을 선포하게 하려 하심이라

베드로전서 2:9

03

하나님의 백성

창세기 12:1~3

베드로전서 2:9

하나님의 경륜 시리즈

03

하나님의 백성

창세기 12:1~3
베드로전서 2:9

경륜이란 무엇인가?

좀 늦은 감이 있기는 하지만 경륜(經綸)에 대한 단어 설명을 하겠습니다. 경륜이라는 말은 '큰 뜻을 가지고 어떤 일을 조직적으로 계획한다'는 의미와 함께 '세상을 다스린다'는 의미가 있습니다. 그래서 어떤 정치인이 국정에 대한 경륜이 높다면 그는 나라를 다스릴 큰 뜻을 가지고 있다는 말입니다. 어떤 사람이 천하 경륜에 대한 꿈을 가지고 있다면 그는 세상을 어떻게 다스리고 경영할까 하는 생각을 늘 품고 있다는 말입니다. 예로부터 왕들은 훌륭한 신하들을 얻고자 애를 썼습니다. 그 까닭은 왕이 나라를 경륜하는 데는 반드시 훌륭한 신하의 도움이 필요하기 때문입니다.

회사를 경영하는 데도 경륜이 필요하며, 국가를 경영하는 데도 그 나라를 이끌어갈 계획과 비전은 반드시 필요합니다. 즉, 국가 지도자는 반드시 사리사욕에 얽매이지 않고 세계와 민족, 그리고 오늘과 30년 후 또는 100년 후를 내다보고 계획하고 조직할 줄 아는 경륜이 높은 사람이 되어야 합니다. 젊은이들이 부지런히 기도하고 연구하며 경험을 쌓는 일에 시간을 투자하는 이유는 단지 취업을 위한 것만은 아닙니다. 오늘의 젊은이는 장차 가정과 회사와 국가와 세계를 경영할 지도자들이기 때문에 경륜을 쌓아가는 과정에 있습니다.

생각해보기

❀ 경륜이라는 말을 나의 언어로 설명하자면 어떻게 표현할 수 있을까요?

하나님의 경륜

그러면 천지를 만드신 하나님은 어떻게 세상을 다스리시고 이끌어가실까요? 하나님이 세상을 이끌어가시는 계획과 통치 방식을 우리는 하나님의 경륜(God's Master Plan)이라고 말할 수 있습니다. 그런데 이 세상에는 자기계발서나 가정경영 또는 회사경영이나 국가경영에 관한 책들은 많지만 하나님이 세상을 어떻게 경영하시는가에 관한 책은 많지 않습니다. 오직 성경만이 하나님의 계획과 경륜을 알려주기 때문입니다. 그래서 우리가 성경을 통해 발견하는 하나님의 뜻은 하나님의 경륜 아래에 있습니다. 우리는 왜 교회당에 와서 예배드리고 함께 식사합니까? 우리는 왜 기도를 드리고 성경을 읽습니까? 우리는 왜 이 세상에서 정직하게 살아야 합니까? 이 모든 이유는 하나님의 경륜이라는 빛 아래서 비로소 분명해집니다.

사도 바울은 이런 하나님의 경륜을 세상에 드러나게 하려고 자신이 부르심을 받았다고 고백합니다:

모든 성도 중에
지극히 작은 자보다 더 작은 나에게 이 은혜를 주신 것은
측량할 수 없는 그리스도의 풍성함을 이방인에게 전하게 하시고,
영원부터 만물을 창조하신 하나님 속에 감추어졌던
비밀의 경륜(헬. *오이코노미아, oikonomia*, plan)이 어떠한 것을
드러내게 하려 하심이라
(에베소서 3:8~9, 개역개정)

이 말씀을 새번역성경으로 좀 더 쉽게 소개하면 이렇습니다:

하나님이 모든 성도 가운데서
지극히 작은 자보다 더 작은 나에게 이 은혜를 주셔서,
그리스도의 헤아릴 수 없는 부요함을 이방 사람들에게 전하게 하시고,
만물을 창조하신 하나님 안에 영원 전부터 감추어져 있는
비밀의 계획이 무엇인지를 [모두에게] 밝히게 하셨습니다.
(새번역성경)

성경은 하나님이 하신 일과 말씀을 통해 우리에게 하나님의 경륜이 무엇인지를 보여주는 계시의 책입니다. 그러므로 하나님의 경륜, 곧 하나님이 세상을 다스리시는 계획을 드러내는 것이 성경을 기록한 목적입니다. 설교는 하나님의 경륜을 알리는 것이며, 교회는 하나님의 경륜을 성취하기 위해 존재합니다. 저는 모두 10회에 걸쳐서 이 중요한 주제를 다루고자 합니다. 그리스도인이 하나님의 경륜에 대해 바르게 이해하면 (1)자신이 누군지를 명확하게 알게 되며, (2)성경을 가지고 그릇된 가르침으로 사람을 미혹하는 이단을 분별할 수도 있습니다. 그리고 (3)우리의 남은 인생을 어떻게 사는 것이 좋은지 명확한 목적의식을 갖게 될 것입니다. 나아가 (4)성경 전체가 무엇을 말하려는지 이해하게 되므로 개인적으로 성경을 읽을 때도 매우 큰 유익을 얻게 될 것이라고 확신합니다.

생각해보기

❀ 하나님의 경륜이라는 말을 나의 언어로 설명하자면 어떻게 표현할 수 있을까요?

....

....

❀ 하나님의 경륜을 이해하는 것은 어떤 유익이 있습니까?
그 네 가지를 적어보세요.

(1)..

(2)

(3)

(4)

하나님은 세상을 어떻게 다스리시는가?

(1) 대리인을 통해

하나님의 경륜은 하나님이 세상을 다스리시는 계획과 방법에 대한 이야기입니다. 지난 두 주 동안 설교를 통하여 하나님이 세상을 다스리시는 방법에 대하여 말씀을 드렸습니다. 간단히 요약하자면 이렇습니다:

하나님은 세상을 만드시고 그것을 다스릴 대리인을 지으셨습니다. 그 대리인은 아담이며 그 후에는 노아요, 아브라함의 자손인 이스라엘 백성도 하나님의 대리인이었습니다. 이들은 모두 하나님의 부르심을 받아 하나님의 계획 곧 하나님의 경륜을 이루어가도록 선택되었고 은총을 입었습니다. 그러나 아담과 이스라엘은 불순종과 타락으로 말미암아 대리인으로서의 임무를 완수하지 못했습니다. 그래서 하나님은 더 온전한 대리인으로 하여금 새롭게 세상을 다스리게 하시고 하나님의 나라를 선포하게 하시려고 자신의 아들을 보내셨습니다. 하나님의 아들이신 예수님은 하나님의 뜻에 전적으로 순종하셔서 새로운 백성을 모으시고 그들을 새로운 피조물로 만드셔서 세상을 새롭게 하십니다. 예수님은 먼저 자신의 피로 그들의 죄를 깨끗하게 씻어서 하나님 앞에 다시 설 수 있는 자녀들이 되게 하셨습니다. 그러므로 예수님의 승천 이후에 이 세상을 다스리시는 하나님의 경륜을 위해 오늘날 부르심을 받은 이들이 바로 교회입니다. 이렇게 교회는 오늘날 부르심을 받은 하나님의 대리인입니다.

생각해보기

❀ 하나님의 경륜은 대리인을 통한 통치라고 할 수 있습니다. 성경에서 그 근거를 대라고 한다면 어떻게 하시겠습니까?

하나님은 교회와 함께 하시면서 교회를 통하여 하나님의 뜻을 이루어가십니다. 하나님이 교회를 통하여 어느 정도로 일을 하실지에 대해 바울의 이야기를 좀 더 보겠습니다:

> 그것은 이제 교회를 통하여 하늘에 있는 통치자들과 권세자들에게 하나님의 갖가지 지혜를 알리시려는 것입니다 (에베소서 3:10, 새번역)

하나님은 교회라는 대리인을 통하여 하나님의 갖가지 지혜를 온 세상에 알리십니다. 그리고 온 세상뿐 아니라 하늘에 있는 통치자들과 권세자들에게까지 하나님의 각종 지혜를 알리실 것입니다. 이 일을 위하여 하나님은 우리 안에서 우리를 통하여 일하고 계십니다.

생각해보기

❀ 에베소서에서 바울이 말하는 하나님의 경륜이 지향하는 최종 목적은 무엇입니까? 위에서 제시한 에베소서 3장 10절을 보고 생각해 보세요.

....

....

그러면 하나님의 대리인들은 그 임무를 어떻게 하면 잘 할 수 있을까요? 그것이 바로 지난 주일에 말씀 드린 내용입니다.

(2) 성령을 부어주심으로

하나님은 하나님의 경륜 곧 하나님의 계획을 이룰 대리인을 부르시고 반드시 먼저 그에게 성령을 부어주십니다. 아담을 흙으로 만드신 후에 하나님의 생기(영)를 그에게 불어넣으셨습니다. 하나님의 신(영)이 인간과 함께 하신다는 의미였습니다. 하나님의 대리인으로 부르심을 받은 이스라엘 백성들에게도 하나님이 함께 하셨습니다. 하나님은 그것을 성막 위에 있는 불기둥과 구름기둥을 통해 확실히 보여주셨습니다. 그렇게 해서 성막은 하나님의 장막이며 이스라엘 가운데 있는 하나님의 집(처소)이었습니다. 또한 하나님의 대리인으로서 세상을 구원할 임무를 가지고 오신 예수님도 세례를 받으실 때 하나님의 영이 비둘기 같이 자기 위에 임하는 것을 경험하셨습니다. 그리고 하나님의 영이 함께 한 하나님의 대리인들은 그 임무를 성공적으로 수행했습니다. 이것은 하나님의 계획이기도 합니다. 하나님은 사람을 대리인으로 쓰시고 그를 통하여 하나님의 뜻을 이루고자 하실 때 반드시 그와 함께 하시며 그에게 성령을 부어주십니다.

이런 이유로 예수께서는 교회를 모으시고 하늘로 승천하시면서 언제나 함께 하겠다고 약속하셨습니다. 예수님이 승천하면서 남기신 말씀을 정리하면 다음과 같습니다:

"내가 떠나 아버지께로 가면 너희에게 또 다른 보혜사를 보낼 것이다. 그는 너희 속에 계실 것이며, 너희 안에서 영원토록 함께 하실 것이다. 그가 너희에게 임하시면 너희는 능력을 받을 것이다. 너희는 내가 하던 일을 할 수 있을 것이다. 왜냐하면 내가 한 일은 내가 한 것이 아니요 아버지께서 내 안에서 하신 것이기 때문이다. 아버지께서 나를 보내신 것처럼 나도 너희를 보낼 것이다. 그리고 너희 안에서 내가 일할 것이다. 그것이 바로 내가 너희를 고아와 같이 버려두지 않고 다시 온다고 하는 말의 의미다. 너희는 결코 혼자가 아니다. 너희는 결코 약하지 않다. 너희는 하나님의 영을 받아 이렇게 고백하고 선언할 수 있을 것이다":

내게 능력 주시는 자 안에서 내가 모든 것을 할 수 있느니라
(빌립보서 4:13)

그러나 이 모든 일에 우리를 사랑하시는 이로 말미암아 우리가 넉넉히 이기느니라 (로마서 8:37)

생각해보기

❀ 하나님은 대리인들에게 그의 성령을 부어주셔서 그 뜻을 이루십니다. 성경에서 그 근거를 찾아봅시다.

....

....

예수님을 믿는 자들에게 성령이 임하십니다. 그래서 그들로 하여금 "예수를 주님이시라"(고전 12:3)고 고백하게 하십니다. 성령은 또한 하나님의 아들이신 예수의 영입니다. 그래서 주님을 믿는 자들에게 오신 성령은 우리들에게 하나님을 "아빠 아버지!"라고 부르게 하십니다(롬 8:15). 주님을 사랑하는 자들에게는 하나님의 영이 함께 하십니다. 그리고 하나님의 성령이 함께 하는 곳을 성전이라고 성경은 알려줍니다. 그래서 우리는 하나님이 거하시는 처소요, 성령이 거하시는 하나님의 성전입니다. 하나님의 성전이 거룩한 것처럼 우리도 거룩합니다.

이렇게 하나님의 성령이 우리 안에 거하시는 이유는 우리를 하나님의 대리인으로 부르셔서 하나님의 경륜을 이루게 하시기 위함입니다. 그래서 주님을 사랑하는 자들은 그 안에 성령이 거하시며 성령은 그들에게 새로운 소망과 소원을 주십니다. 또한 그들의 길을 인도하십니다.

그리고 그들을 통해서 하나님의 뜻을 이루어 가십니다. 그렇게 하나님의 성령의 인도를 받은 사람들이 주님의 말씀에 순종하면서 교회는 지난 2,000년 동안 이 땅에서 성장해 왔습니다. 처음에는 작은 겨자씨와 같았습니다. 그러나 그 안에 생명이 있으므로 자라고 자라 온 천하에 퍼졌습니다. 그리고 세상 만민 중에 많은 사람들이 겨자씨와 같은 한 알의 밀알로 자신을 희생하신 그리스도를 오늘도 사랑하고 있습니다. 그 하나님이 오늘 우리 안에 계십니다. 그리고 우리 안에서 주님의 뜻을 이루기 위해 일하고 계십니다. 그래서 믿는 자들은 우리 안에 계시는 성령께 순종하며 살아갑니다.

생각해보기

❀ 하나님의 성령이 우리에게 하시는 일은 어떤 것이 있습니까?

....

....

이처럼 하나님은 당신의 경륜을 이루시기 위해 대리인을 부르시고 그 대리인에게 하나님의 영을 부어주십니다. 그리고 그를 통하여 이 세상을 구원하십니다.

(3) 그 백성을 통하여

오늘은 하나님이 세상을 다스리시는 방법 중 세 번째를 살펴보겠습니다. 물론 성경말씀이 아니라면 우리가 그것을 어떻게 알 수 있겠습니까? 그러므로 성경은 우리의 구원을 위한 책이며, 우리에게 하나님의 경륜을 알게 하는 책입니다. 그래서 성경을 읽고 연구하고 배우며 순종하는 사람은 하나님의 경륜을 이루는 일에 귀하게 쓰임 받을 수 있습니다. 그래서 어려서부터 성경을 배워야 하며(딤후 3:15), 하나님의 선한 일을 하려면 성경을 배워야 합니다(딤후 3:17). 또한 젊은이들은 하나님의 말씀을 옳게 분변할 수 있도록 실력을 갖추는 일에 자신을 드려야 합니다(딤후 2:15). 그런 점에서 우리나라 교회가 성경공부 모임을 통해서 말씀을 배우는 것은 아주 잘 하고 있는 일입니다. 그런데 우리가 그렇게 하는 목적은 하나님의 구원을 알고 누리며 하나님의 경륜에 동참하기 위함입니다.

생각해보기

❀ 위 글에 의하면 우리가 성경을 읽고 연구해야 할 이유는 무엇입니까?

....

....

성경은 하나님이 세상을 다스리시고 행하신 것을 기록한 이야기입니다. 앞에서 말씀 드린 바와 같이 그 이야기는 크게 다섯 막의 드라마로 이해할 수 있습니다. 그것은 1막: 창조(창1~2장), 2막: 타락(창3~11장), 3막: 이스라엘(창12장~말라기), 4막: 예수님(사복음서), 그리고 5막: 교회(사도행전~계시록)라고 했습니다(N.T. Wright, 성경과 하나님의 권위 참조). 그런데 크게 보면 세상은 창조의 아름다움을 갖고 있던 시절과 타락으로 말미암아 그 아름다움에 손상이 생긴 시절로 나눌 수 있습니다. 하나님이 보시기에 좋았던 세상은 이제 그 속에 사는 피조물들이 신음하는 곳이 되었습니다. 창조의 정점인 사람도 탄식하며 우리 몸의 구원을 기다리고 있습니다(롬 8:21~23).

이렇게 타락한 세상, 어그러지고 거스리는 세상을 구원하시고, 다시 만민에게 복을 주시려는 하나님의 계획이 구체적으로 제시된 것은 아브라함을 부르신 때일 것입니다. 창세기 12장에서 하나님의 드라마 제3막이 시작할 때 하나님은 아브라함을 부르시면서 이렇게 말씀하셨습니다:

> 여호와께서 아브람에게 이르시되 너는 너의 고향과 친척과 아버지의 집을 떠나 내가 네게 보여 줄 땅으로 가라 내가 너로 큰 민족을 이루고 네게 복을 주어 네 이름을 창대하게 하리니 너는 복이 될지라 너를 축복하는 자에게는 내가 복을 내리고 너를 저주하는 자에게는 내가 저주하리니 땅의 모든 족속이 너로 말미암아 복을 얻을 것이라 하신지라(창세기 12:1~3)

땅의 모든 족속에게 복을 주시려는 하나님이 맨 처음 부르신 사람은 아브라함 개인이었습니다. 그 한 사람을 부르시고 약속하시기를, "내가 너로 하여금 큰 민족을 이루게 하겠다!"고 하셨습니다. 아브라함의 이야기가 나오는 창세기 12장부터 출애굽기, 레위기, 민수기, 신명기, 여호수아, 사사기 등 구약성경은 하나님이 아브라함의 자손을 큰 민족이 되게 하겠다고 약속하신 것을 이루어 가시는 과정입니다.

아브라함의 아들은 이삭입니다. 이삭은 야곱을 낳았습니다. 야곱은 열두 아들들을 낳았습니다. 그리고 그들은 흉년을 만나 애굽으로 피난했습니다. 그리고 400년 동안 거기에서 살았습니다. 그들은 애굽의 비옥한 땅에 거주했으며 마침내 큰 민족이 되었습니다. 그렇게 보면 하나님은 아브라함 한 사람을 통해서 하나님의 계획을 이루는 것이 아니라, 아브라함을 통해서 우선 큰 민족을 만드신 후에 그렇게 하셨음을 알 수 있습니다.

생각해보기

❀ 하나님께서 아브라함에게 주신 약속, 곧 큰 민족을 이루게 하신다는 약속을 어떻게 이루셨습니까?

....

....

그러면 아브라함의 자손 이스라엘 백성을 통해서 하나님은 어떻게 자기의 계획을 이루실까요?

이스라엘 백성과 맺은 하나님의 언약

애굽에 들어간 이스라엘 자손이 400여년을 지내는 동안에 마침내 한 민족을 이룰 만큼 번성하고 수가 많아졌습니다. 하나님은 이스라엘 자손을 애굽에서 건져내셔서 약속의 땅으로 데리고 가셨습니다. 그 땅은 하나님이 아브라함에게 주겠다고 약속하신 땅이었습니다. 그 땅에서 하나님은 하나님의 계획을 이루실 작정이었습니다.

하나님은 애굽의 왕 파라오에게 하나님의 권능을 보여주셨습니다. 홍해를 육지처럼 건너게 하시고 광야에서 만나를 주셨습니다. 이스라엘은 하나님의 능력과 자신들을 향한 사랑을 보았습니다. 그렇게 약속의 땅을 향해 가던 중 하나님은 그들을 시내산 곧 하나님의 산으로 인도하셨습니다. 그리고 그 산에서 모세를 불러 이스라엘 백성과 특별한 의식을 가지셨습니다. 그것은 하나님과 이스라엘 백성 사이에 맺을 언약(또는 계약)이며 앞으로 약속의 땅에 들어가서 이루실 하나님의 일에 동역자(또는 대리인)가 될 것인가를 묻는 언약식이기도 했습니다. 모세는 하나님의 계약조건을 그 백성에게 전했습니다:

> 세계가 다 내게 속하였나니 너희가 내 말을 잘 듣고 내 언약을 지키면 너희는 모든 민족 중에서 내 소유가 되겠고 너희가 내게 대하여 제사장 나라가 되며 거룩한 백성이 되리라 너는 이 말을 이스라엘 자손에게 전할지니라 (출애굽기 19:5~6)

이스라엘 백성은 하나님의 권능과 사랑을 보았으므로 하나님의 백성이 된다는 가슴 벅찬 일을 기쁨으로 받아들였습니다. 그렇게 해서 하나님과 이스라엘 백성과의 언약식이 이루어졌습니다. 그 언약을 한 마디로 정리하면, '하나님은 이스라엘의 하나님이 되시고, 이스라엘은 하나님의 백성이 되는 것'입니다. 모세는 이 언약을 기념하여 소를 잡아 하나님께 제사를 드리고 그 피를 받아 양푼에 담아 하나님의 제단에 뿌리고 이스라엘 백성 앞에서 뿌렸습니다. 그렇게 하면서 외치기를, "이는 여호와께서 이 모든 말씀에 대하여 너희와 세우신 언약의 피니라"(출 24:8)고 했습니다. 그렇게 피의 언약식을 마치고 이스라엘 백성의 대표인 70명의 장로들은 하나님의 산에 올라 하나님 앞에서 먹고 마시면서 언약식의 기쁨을 나누었습니다. 그렇게 해서 이스라엘 자손은 하나님과 언약을 맺은 특별한 백성이 되었습니다. 그들은 열방 중에서 택함 받은 백성이요, 거룩한 나라요, 열방을 축복할 제사장들이 되었습니다.

생각해보기

❀ 하나님이 이스라엘 백성과 언약을 맺기 위해 인도하신 곳은 어디입니까?

....

....

❀ 하나님이 이스라엘 백성과 맺은 언약의 목적은 무엇입니까?

....

....

하나님의 백성에 대한 구약성경의 이야기

하나님은 한 사람을 부르시고 그를 통하여 열두 지파로 이루어진 한 민족을 이루게 하셨습니다. 그 민족은 한 나라가 됩니다. 그리고 그 나라를 통하여 천하만민은 복을 받을 것입니다. 이것이 구약성경의 이야기가 들려주는 하나님의 경륜입니다. 이렇게 하나님의 대리인으로 부르심을 받은 이스라엘 백성은 어떻게 살았을까요? 그들은 그 임무를 수행했을까요? 아주 짧은 시간 동안 즉, 다윗과 솔로몬의 시대 조금을 제외하면 이스라엘 백성은 하나님의 백성으로서의 정체성을 잃어버리고 하나님을 등지고 말았습니다. 이방인들에게 복을 주어야 할 제사장의 나라가 이방인들의 문화에 동화되어 하나님을 향한 순전한 마음을 버리고 음란하게 우상숭배에 빠지고 말았습니다.

하나님은 예언자들을 통하여 하나님의 뜻을 전하셨습니다. 이스라엘 백성들을 보면서 호세아 선지자는 자신의 자식 이름을 "로암미"라고 지었습니다. 그 이름은 "내 백성이 아니다"는 뜻입니다. 이것은 그 백성들의 악행에 대한 하나님의 탄식이었습니다. 하나님의 백성이 자신의 정체성을 잃어버리고 세상을 따라 살아갈 때 하나님은 탄식하십니다.

생각해보기

❀ 호세아 1장 9절은 다음과 같습니다. 이 말씀에는 이스라엘 백성을 향한 하나님의 마음이 배어 있습니다. 여기서 하나님의 마음은 어떤 것일까요?

여호와께서 이르시되 그의 이름을 로암미라 하라
너희는 내 백성이 아니요 나는 너희 하나님이 되지 아니할 것임이니라 예언자들은 이스라엘 백성의 멸망을 선포했습니다. 예언자들은 울면서 그 백성에게 하나님께로 돌아오라고 촉구했습니다. 그리고 고난의 시간이 지나면 다시 하나님이 그들을 내 백성이라고 부르실 때가 올 것을 전했습니다. 하나님의 뜻을 받은 예언자들은 그 날에는 돌 위에 하나님의 말씀을 새기지 않으시고, 그들의 마음에 새겨주실 것이라고 약속했습니다. 그 날에는 백성들의 마음에 돌 같이 굳은 마음을 제하고 부드러운 마음을 주실 것이라는 하나님의 뜻을 전했습니다(겔 36:26). 그 소망의 약속을 남기고 예루살렘 성전은 무너지고 말았습니다. 이스라엘 백성은 강대국에 포로로 끌려가고 그들의 약속의 땅은 들짐승들이 노니는 곳이 되고 말았습니다. 이것이 성경에 나타난 하나님의 드라마 제3막까지의 슬픈 이야기입니다.

생각해보기

❀ 이스라엘 백성이 하나님과의 언약을 깨트린 원인이 무엇이라고 생각합니까?

....

....

❀ 에스겔 36:23~26을 읽고 타락한 이스라엘 백성에게 주시는 하나님의 약속이 어떤 예언으로 주어졌는지 기록해 봅시다. 그것은 신약시대에 어떻게 성취되었나요?

....

....

새 언약을 세우신 예수님

이렇게 슬픈 3막이 지나고 때가 차매 하나님이 자기 아들을 세상에 보내셨습니다. 그리고 하나님의 아들이신 예수님은 마리아의 품에 안겨 아브라함과 이스라엘 자손들처럼 애굽으로 피난 갔다가 돌아오셨습니다. 그리고 새 이스라엘의 열두 기둥이 될 열두 사람의 제자들을 부르시고 사도로 세우셨습니다. 예수께서는 자신의 피로 그들과 새 언약을 맺으셨습니다. 그들은 이제 옛 언약의 주역인 이스라엘을 대신하여 새 언약의 주인공이자 대리인이 되었습니다. 그들을 우리는 교회라고 합니다. 교회는 오늘날 하나님의 뜻을 이룰 새로운 민족이요 나라입니다. 그들은 예수님의 피로 맺은 새 언약으로 인하여 하나님 앞에 언제든지 나아갑니다. 그리고 하나님은 그들 가운데 성령을 보내셔서 친히 거할 처소로 삼으셨습니다. 그래서 그들을 가리켜 하나님의 성령이 거하시는 성전이라고 부릅니다.

하나님은 개개인을 부르셔서 교회가 되게 하십니다. 그리고 그 교회는 하나님과 언약을 맺은 새 백성입니다. 택함 받은 나라입니다. 그래서 온 교회가 이 사실을 기억하라고 사도 베드로는 우리의 정체성을 다음과 같이 일깨워줍니다:

> 그러나 너희는 택하신 족속이요 왕 같은 제사장들이요 거룩한 나라요 그의 소유가 된 백성이니 이는 너희를 어두운 데서 불러 내어 그의 기이한 빛에 들어가게 하신 이의 아름다운 덕을 선포하게 하려 하심이라 (베드로전서 2:9)

생각해보기

❀ 교회가 새 이스라엘인 까닭은 무엇입니까?

❀ 위의 베드로전서 2:9에 의하면, 하나님의 새로운 언약 백성으로서 교회의 사명을 베드로는 무엇이라고 합니까?

■ 요약 ■

하나님의 경륜 (3) 하나님의 백성

하나님의 일은 개인을 통하여 이루어지는 것이 아니라 그 백성의 공동체인 교회를 통해서 이루어집니다. 개인은 교회 안에서 그리스도인으로서 가장 잘 성장할 수 있습니다. 하나님의 영광은 교회의 하나된 마음과 수고를 통해서 세상에 가장 빛나게 드러날 수 있습니다. 그렇게 보면, 온 세상의 교회는 하나입니다. 하나님의 관심사는 개개인에게 미칩니다. 그러나 하나님의 일은 개개인이 모인 교회를 통해서 이루어집니다. 그러므로 우리는 서로 하나되어 한 몸을 이루는 것에 마음을 두어야 합니다.

생각해보기

❀ 신앙생활에서 개인보다는 교회 공동체를 먼저 생각해야 할 이유가 무엇입니까?

사도신경과 가톨릭교회

사실 우리가 고백하는 사도신경에는 이 사실이 포함되어 있습니다. 우리는 이렇게 고백합니다:

> 성령을 믿사오며 거룩한 공회와 성도가 서로 교통하는 것과…

여기서 말하는 거룩한 공회가 바로 하나의 교회를 말합니다. 영어로는 홀리 캐톨릭 쳐치(The Holy Catholic Church)라고 합니다. 여기서 말하는 가톨릭(Catholic)이라는 말에는 모든 교회가 한 지붕 아래 있다는 의미가 있습니다. 사실 교회는 본래 하나였습니다. 그래서 하나의 교회를 부르는 말을 본래 가톨릭교회라고 했습니다(451년 칼케돈 공의회). 그래서 우리는 하나인 교회를 믿는다고 신앙고백을 할 때 그런 단어를 사용했습니다. 하나님의 부름을 받은 사람들의 모임이 교회라고 할 때 예수님 이후 지금까지 이런 부르심을 받은 사람들은 다 하나의 교회라고 할 수 있습니다. 그런 의미에서 가톨릭 교회라는 말은 우주적 교회, 또는 보편적 교회라는 의미가 있습니다. 달리 말하면 하나의 교회 또는 전체가 하나인 교회라고 할 수 있습니다. 그래서 우리들은 공회(公會)라고 고백합니다. 이는 공교회(公敎會)를 말합니다.

우리가 살고 있는 땅을 부를 때 지금부터 500년 전에는 조선이라고 불렀습니다. 그러나 지금부터 1,000년 전에는 고려라고 불렀고, 그 전에는 삼한의 땅이라고 불렀습니다. 그리고 지금은 대한민국 즉 한국이라고 부릅니다. 세월은 땅의 이름을 바꾸고 교회의 이름도 바꿉니다. 세월이 지나 가톨릭교회에 속한 어떤 이들은 지금부터 500년 전부터 스스로를 개신교도(Protestants)라고 바꾸어 부르기 시작했습니다. 우리가 부르는 기독교회(基督敎會)는 그리스도교회라는 말입니다. 그러므로 그리스도를 믿는 모든 교회는 기독교회라고 할 수 있습니다. 그리고 모든 기독교회를 하나로 통합하여 부를 때는 가톨릭교회라고 할 수 있습니다. 그러나 지금 로마카톨릭 즉 천주교를 부를 때 가톨릭이라고 부르고, 우리들이 천주교와 우리를 구별하여 부를 때는 개신교라고 부릅니다. 이는 지금 북한이 스스로를 '고려인민민주주의공화국'이라고 부르고 또는 '북조선'이라고 부르며, 남한은 대한민국이라고 부르면서도 영어로는 코리아(Korea)라는 말로 부르는 것과 같습니다.

생각해보기

❀ 가톨릭이라는 말에 대해서 설명해 보세요.

❀ 기독교라는 말과 개신교라는 말은 어떤 의미가 있습니까?

하나님의 백성인 교회

가톨릭이든 개신교든 본래는 하나의 교회였으며 그 하나의 교회는 하나님의 부르심을 받아 하나님의 뜻을 이루는 대리인으로서 살아갈 백성입니다. 그래서 교회는 개인이 아니라 공동체입니다. 누가 옳은가를 가지고 따지는 것보다 서로 하나 되는 것이 중요합니다. 그래야 "나는 너희 하나님이 되고 너희는 내 백성이 되리라"고 하신 주님의 말씀에 부합하며, 하나님의 경륜을 이룰 수도 있습니다.

지금까지 우리는 분열하고 당을 짓고 서로를 견제하면서 많은 시간을 허비했습니다. 예수께서는 "스스로 분쟁하는 나라마다 황폐하여질 것이요 스스로 분쟁하는 동네나 집마다 서지 못하리라"(마 12:25)고 말씀하셨습니다. 이제는 서로 하나되어 하나님의 경륜을 이루는 일에 협력할 때가 되었습니다.

생각해보기

❀ 전 세계의 교회는 하나입니다. 왜 그렇습니까?

하나님은 대리인을 통하여 세상을 다스리십니다. 그리고 그 대리인에게 하나님의 영을 부어주셔서 새 마음과 새 소망을 품게 하십니다. 또한 하나님은 세상을 다스릴 대리인을 자기 백성으로 만드십니다. 백성(百姓)이란 나라를 구성하는 사람들을 말합니다. 그러므로 하나님의 사람들은 개인보다는 먼저 주님의 나라를 생각하는 사람입니다. 그래서 주님의 성령을 따르는 사람들은 하나님의 나라를 먼저 생각하고 그 백성의 공동체를 세우기 위해 노력합니다. 어떤 이는 봉사로, 어떤 이는 시간으로, 그리고 어떤 이는 물질을 드려 하나님의 나라를 세우고자 합니다. 그렇게 해서 교회 공동체는 하나님의 거룩한 나라와 택하신 백성이 되어 주님의 영광과 복음의 기쁜 소식을 세상에 전하며, 나아가 하나님이 얼마나 지혜로우신지를 하늘의 천사들에게까지 알리게 됩니다. 그것이 바로 하나님이 세상을 다스리시는 방법입니다. 그러므로 하나님의 일에 동참한다는 것은 결국 하나님의 교회를 세운다는 말과 한가지입니다.

생각해보기

❀ 하나님의 경륜에 있어서 교회가 중요한 이유는 무엇입니까?

그러므로 우리가 하나님의 동역자가 되며, 하나님의 경륜에 동참하는 하나님의 대리인으로서 일을 할 때 가장 초점을 두어야 할 것은 하나님의 교회를 건강한 공동체로 세우는 일입니다. 우리가 바른 신앙과 올바른 정신을 가지고 하나님의 뜻에 자신을 드리면 우리 교회는 반드시 이 세상의 빛이 될 것이며 그 빛을 보고 세상은 하나님의 구원을 받으러 나아올 것입니다. 또한 뜻을 같이 하는 사람들이 그 위대한 하나님 나라 백성으로서 사방에서 같은 열심으로 일하고 있는 것을 알게 될 것입니다. 그리고 우리는 그들과 더불어 거룩한 공교회를 이루어 우리가 사는 이 세상에서 하나님의 나라를 세워가는 참된 대리인이 될 것입니다. 이 일을 이루기 위해서 하나님이 우리와 함께 하십니다. 또한 우리 가운데서 일하고 계십니다! 할렐루야!

생각해보기

❀ 오늘 메시지의 핵심은 무엇이라고 생각합니까? 깨달은 점은 무엇입니까?

하나님의 백성

하나님은 한 사람을 불러
나라를 이룰 백성을 만드신다.
그 백성을 통해 하나님 나라는 세워진다.
그것이 아브라함과 이스라엘이며,
예수님과 열두 사도 위에 세워진 교회다.

교회는 하나님의 백성공동체다.
하나님의 경륜은 그 백성공동체를 통해 성취된다.

옛 이스라엘		새 이스라엘
• 아브라함의 자손 • 12지파의 기초 • 옛 언약 • 제사장 나라 • 열방에 빛을		• 예수님의 제자 • 12사도가 기초 • 새 언약 • 왕 같은 제사장 • 열방에 복음을

이는 이제 교회로 말미암아

하늘에 있는 통치자들과 권세들에게

하나님의 각종 지혜를 알게 하려 하심이니

에베소서 3:10

04

하나님의 궁극적 목적

에베소서 3:10
사도행전 2:42~43

하나님의 경륜 시리즈

04

하나님의 궁극적 목적

에베소서 3:10
사도행전 2:42~43

◒ **설교 목적** : 하나님의 경륜이 지향하는 목적은 하나님의 각종 지혜를 그 대적자들에게까지 알리는 것이다. 그것은 하나님이 함께 하심으로 이루어지며, 초대교회는 네 가지 정신을 힘 있게 실천함으로써 그 일을 수행했다.

하나님은 세상을 통치하는 주권자시다!

하나님은 세상을 통치하시는 주권자십니다. 하나님의 사람 다윗은 왕이 된 후에 하나님을 자기 나라의 주인으로 모시기를 원했습니다. 그런 다윗이 한 행동은 바로 하나님과 이스라엘이 맺은 언약식에서 받은 십계명이 담긴 상자인 언약궤를 자신의 성으로 들여오는 것이었습니다. 그 언약궤는 성막의 지성소에 있던 것으로 하나님의 임재를 나타내는 것이었습니다. 그러므로 다윗이 언약궤를 자신의 성으로 모셔온 것은 "만군의 여호와 하나님, 부디 이 나라와 함께 하여 주시옵소서!"라고 하는 기도의 다름이 아니었습니다. 그래서 다윗은 찬양대를 동원하여 이 기쁜 날을 축하했습니다. 하나님이 함께 하시는 나라가 되었으니 얼마나 기쁜 일입니까? 모든 것이 잘 될 것입니다. 모든 전쟁에서 승리할 것입니다. 그래서 그 감격을 가지고 다음과 같이 담대하게 선포합니다:

> 온 땅이여 그 앞에서 떨지어다 세계가 굳게 서고 흔들리지 아니하는도다 하늘은 기뻐하고 땅은 즐거워하며 모든 나라 중에서는 이르기를 "여호와께서 통치하신다!" 할지로다 (역대상 16:30~31)

하나님의 사람들은 온 땅과 모든 나라의 통치자가 하나님이심을 믿고 고백하고 선포하며 그렇게 행동하는 위대한 하나님의 대리인들입니다.

생각해보기

❀ 새 나라를 세운 다윗에게 있어서 "하나님이 통치하신다"는 찬송과 고백은 어떤 의미가 있습니까?

이사야 선지자는 복된 좋은 소식을 들고 산을 넘는 자들의 발걸음이 아름답다고 말했습니다(사 52:7). 옛적에 하나님의 백성인 이스라엘 민족은 강대국의 침략을 받아 나라를 빼앗겼습니다. 그들의 나라에서 젊은이들과 귀족들이 포로로 붙들려 먼 나라로 끌려갔습니다. 그들이 하나님께 제사를 드리던 성전은 산산조각이 나고 폐허가 되었습니다. 그들의 원수는 이스라엘 백성을 조롱하면서 "너희의 하나님이 어디에 있느냐?"고 비웃었습니다.

이 슬픈 일을 당하면서 이스라엘 백성은 생각합니다. '과연 하나님은 어디에 계신가? 저 강대국의 신들이 우리 하나님보다 강한가? 온 세상을 주름잡고 있는 저 강대국의 신들이 지금 온 세상을 통치하는 것 아닌가?' 그렇게 하나님의 백성은 강대국의 압제 아래 고통을 겪으며 인내하고 있었습니다. 그런데 하나님은 과연 세상 나라들을 통치하셨습니다. 이스라엘을 무너뜨린 나라인 바벨론을 다른 나라인 페르시아를 통해서 치셨습니다. 그리고 이스라엘 백성들은 포로에서 풀려나 고국으로 돌아오게 하셨습니다. 하나님은 이방 나라 페르시아 왕 고레스의 마음을 바꾸셔서 그 백성을 구하셨습니다. 이 기쁜 소식을 듣고 전령이 이스라엘 땅으로 달려옵니다. 그는 하나님의 성이 있는 산인 시온산을 넘으면서 그 아름다운 소식을 전합니다. 그 아름다운 소식은 바로 이것이었습니다:

> 좋은 소식을 전하며 평화를 공포하며 복된 좋은 소식을 가져오며 구원을 공포하며 시온을 향하여 이르기를 "네 하나님이 통치하신다!" 하는 자의 산을 넘는 발이 어찌 그리 아름다운가! (이사야 52:7)

생각해보기

❀ 70년 동안 나라를 잃고 포로 생활을 하던 이스라엘이 포로에서 돌아올 때에 "여호와께서 통치하신다!"는 선포가 좋은 소식인 까닭은 무엇입니까?

하나님이 세상을 통치하신다는 소식이 기쁜 소식이요 아름다운 소식이며 좋은 소식입니다. 하나님의 백성에게 이보다 더 좋은 소식은 없습니다. 이것은 다윗처럼 새로운 왕국을 세운 왕이 부르는 찬양입니다. 이것은 하나님의 마음에 합한 사람들의 고백이자 노래입니다. 이것은 세상의 권세 속에서도 굴하지 않는 신실한 그리스도인들의 고백입니다. 그것은 아무리 세상의 권력자들이 그 세력을 뽐내고 위협한다고 해도 결코 굴하지 않고 당당한 그리스도인들의 고백입니다. 그들은 한결같이 "돈이 아니라 하나님이 통치하신다!"고 말하고 행동합니다. 그들은 고백합니다: "나의 생사여탈권(生死與奪權)은 사장이나 상사나 그 누구에게 있는 것이 아니다. 나의 운명과 생명을 결정하시는 분은 전능하사 천지를 만드신 하늘에 계신 우리 아버지시다!"

생각해보기

❀ 나의 삶 속에서 "하나님이 통치하신다"는 찬송과 고백이 있습니까? 나는 어떤 상황에서 이 고백이 더욱 분명하게 선포되어야 합니까?

하나님의 대리인을 통해
하나님의 각종 지혜를 세상에 알리신다

하나님의 대리인들은 언제나 위와 같이 하나님의 통치를 선포하고 고백합니다. 그래서 그들은 왕들 앞에서도 두려워하지 않으며 사자(獅子) 같이 담대합니다. 이렇게 하나님이 세상을 통치하실 때는 대리인을 부르시며 그들을 통하여 통치하십니다. 그리고 오늘날 이 세상을 통치하기 위해 부르심을 받은 하나님의 대리인을 교회라고 부릅니다. 교회는 하나님의 부르심을 받은 사람들의 모임입니다. 그러므로 하나님의 대리인인 교회가 하나님 통치의 궁극적인 목적이 무엇인지 아는 것은 중요합니다.

바울은 이렇게 하나님의 통치 곧 하나님의 경륜에 대하여 에베소서 3장에서 다음과 같이 말합니다:

> 영원부터 만물을 창조하신 하나님 속에 감추어졌던 비밀의 경륜이 어떠한 것을 드러내게 하려 하심이라 이는 이제 교회로 말미암아 하늘에 있는 통치자들과 권세들에게 하나님의 각종 지혜를 알게 하려 하심이니 (에베소서 3:9~10)

바울은 자신이 하나님께 부름을 받은 목적은 예수 그리스도의 풍성함을 이방인에게 전하고 영원부터 만물을 창조하신 하나님 속에 감추어졌던 비밀의 경륜이 어떠한 것을 드러내는 것이라고 합니다. 그 비밀의 경륜을 드러내는 목적이 무엇입니까? 그것은 이제 하나님의 대리인인 교회로 말미암아 하늘에 있는 통치자들과 권세들에게 하나님의 각종 지혜를 알게 하시려는 것입니다.

생각해보기

❀ 사도 바울이 말하는 바, 하나님 속에 감추어졌던 비밀의 경륜은 무엇입니까?

여기서 우리는 하나님의 대리인들을 생각해 봅시다. 그리고 그들을 통하여 하나님이 그 지혜를 어떻게 세상에 나타내셨나 살펴봅시다.

하나님의 대리인 야곱

먼저, 야곱을 생각해 보겠습니다. 야곱은 하나님이 함께 하시는 사람이었습니다. 그가 형 에서의 위협을 피해 달아나던 중 벧엘에 도착했을 때, 그는 들판에서 돌베개를 베고 자고 있었습니다. 그 때 하나님께서 그의 꿈에 나타나셔서 그와 함께 하겠다고 약속하셨습니다. 그리고 하나님의 약속을 받은 야곱은 하란으로 가서 외삼촌의 양치기가 되었습니다. 외삼촌은 교활한 사람이라 야곱을 데릴사위처럼 또는 머슴처럼 평생 부려먹으려고 계약조건을 까다롭게 하여 갑의 횡포를 부렸습니다. 그러나 하나님이 함께 하시니 야곱의 재산은 점점 늘어났습니다. 외삼촌 라반은 하나님이 야곱과 함께 하시는 것을 보았습니다. 아무리 꾀를 내고 악행으로 야곱을 괴롭히려 해도 하나님이 함께 하시는 야곱을 당해낼 수 없었습니다. 하나님께서는 하나님의 대리인 야곱을 통해 하나님의 '각종'(헬. *폴리포이킬로스 polypoikilos*, manifold, 다채로운, 무궁무진한-공동번역, 갖가지-새번역) 지혜를 그의 외삼촌 라반에게 보여주셨습니다(창 28~30장).

생각해보기

❀ 야곱을 통해서 하나님은 당신의 지혜를 누구에게 어떻게 나타내셨습니까?

하나님의 대리인 요셉

하나님이 함께 하신 대리인 중에 가장 두드러진 인물은 요셉입니다. 그는 아버지의 총애를 받다가 애굽이라는 먼 나라에 포로로 팔려갑니다. 17세의 젊은 청년은 이방 나라에서 가장 밑바닥부터 시작합니다. 그러나 그가 하는 일들을 통해서 하나님이 함께 하시는 증거들이 나타나기 시작합니다. 그가 일하는 집의 주인은 요셉을 통하여 하나님의 지혜를 보았습니다. 그리고 마침내 요셉은 그가 일하는 집에서 가장 높은 종이 되었습니다. 즉, 가정 전체의 살림을 관장하는 가정총무가 되었습니다. 그 이유는 하나님이 그와 함께 하셨기 때문이며 요셉이 하나님의 대리인이었기 때문입니다. 그 이후에도 요셉을 통하여 하나님은 각종 지혜를 나타내셨습니다. 요셉이 감옥에 갇혔을 때도 그 어두운 감옥을 밝히는 지혜를 주셨고, 마침내 이집트 왕이 꾼 꿈을 해몽하는 지혜를 발휘합니다. 그리고 그 지혜는 마침내 애굽과 온 세상을 7년 동안의 혹독한 가뭄으로 멸망할 위기에서 구해냅니다. 이렇게 하나님은 당신의 대리인을 통하여 하나님의 각종 지혜를 온 세상에 나타내십니다.

생각해보기

❀ 요셉을 통해서 하나님은 당신의 지혜를 누구에게 어떻게 나타내셨습니까?

하나님의 대리인을 통하여 하나님이 세상에 하나님의 각종 지혜를 나타내신 일은 성경 전체가 증거하고 있습니다. 성경은 하나님이 그 대리인을 통하여 하신 일을 기록한 책이기 때문입니다. 또한 우리는 성경에서 하나님의 대리인인 다윗을 봅니다. 그가 얼마나 하나님의 지혜를 그의 나라와 온 세계에 알렸는지요? 그리고 그의 아들 솔로몬을 통해서 하나님의 지혜는 땅 끝에까지 이르렀습니다. 그래서 땅 끝에서부터 민족들이 이스라엘 가운데 계시는 하나님의 영광을 보며 그 지혜를 듣고자 예루살렘까지 찾아왔습니다.

하나님의 대리인 예수님

우리는 예수님의 사역과 삶을 통해서 하나님의 지혜가 어떻게 세상에 드러났는지를 잘 알 수 있습니다. 예수님은 많은 질문을 받으셨습니다. 그 질문 중에는 궁지에 밀어넣으려는 의도를 가진 것들도 있었습니다. 사람들은 율법을 가지고 와서 예수님을 곤경에 빠뜨릴 질문을 던지기도 했습니다. 어떤 사람은 로마황제 가이사에게 세금을 바쳐야 하는지 물어오기도 했습니다. 수많은 난처한 질문들이 예수님에게 쏟아졌지만 예수님은 그 모든 질문에 대해 하나님의 지혜로 대답하셨습니다. 그렇게 하여 예수님의 말씀을 들은 사람들은 저희 서기관들과 같지 않은 하나님의 지혜를 발견할 수 있었습니다(마 7:29, 막 1:22).

생각해보기

❀ "가이사에게 세금을 바쳐야 합니까?"라는 질문은 왜 난처한 질문입니까? 예수께서는 그 문제를 어떻게 해결하셨습니까?

예수님이 하나님의 지혜를 세상에 나타내신 것 중에 가장 멋진 일은 한 알의 밀알로서 많은 열매를 거두시는 모습입니다. 또한 예수께서는 온 세상 사람들을 결박하고 종으로 삼은 죄의 권세를 십자가로 깨트리셨습니다. 그래서 예수 그리스도께 돌아오는 사람은 누구나 죄의 종에서 벗어나 자유를 얻게 됩니다. 그리고 십자가는 믿는 자들을 하나님께로 인도하는 지혜가 됩니다. 이는 사람의 어떤 지혜나 권세로도 끊지 못하는 죄의 권세를 끊음을 의미하며, 그 어떤 수양이나 도덕 또는 종교나 학문으로도 하나님께 도달할 수 없는 인간을 하나님 앞으로 인도하는 하나님의 지혜였습니다.

그래서 사도 바울은 이렇게 담대하게 선포합니다:

> 우리는 십자가에 못 박힌 그리스도를 전하니 유대인에게는 거리끼는 것이요 이방인에게는 미련한 것이로되, 오직 부르심을 받은 자들에게는 유대인이나 헬라인이나 그리스도는 하나님의 능력이요 하나님의 지혜니라 (고린도전서 1:23~24)

생각해보기

❀ 예수 그리스도께서 하나님의 능력이시며 지혜이신 까닭은 무엇이라고 설명할 수 있습니까?

하나님의 대리인 교회

그렇다면 오늘날 하나님의 대리인으로서 교회는 하나님의 지혜를 어떻게 세상에 나타냅니까? 교회가 하나님의 지혜를 가장 잘 나타내는 때는 교회가 하나님의 통치 아래 있을 때입니다. 그것은 교회 가운데 계시며 교회를 이끌어가시는 성령께 순종할 때를 의미합니다. 이런 교회는 언제나 하나님의 지혜를 이 세상에 드러냅니다. 그런 지혜를 우리는 초대교회에서 찾아볼 수 있습니다.

생각해보기

❀ 교회가 하나님의 지혜를 세상에 나타내려면 어떤 교회가 되어야 합니까?

....

....

초대교회 그리스도인들은 예수님의 부활과 승천을 보았습니다. 그리고 예수님이 하나님 우편으로 가시는 것을 보았습니다. 예수께서 하나님 보좌 우편에 도착하면 가장 먼저 이 땅에 있는 대리인들에게 하나님의 성령을 보내겠다고 약속하셨습니다. 그리고 그 약속대로 기도하며 기다리던 교회에 성령께서 임하셨습니다. 그래서 그들은 분명히 알았습니다. 하나님이 나사렛 예수를 성경의 약속대로 죽은 자 가운데서 다시 살리시고 하늘로 올리셔서 온 세상의 통치자가 되게 하셨습니다. 그 증거로 하나님이 성령을 부어주셨다고 선포합니다. 여기서 베드로의 설

교를 잠시 들어보겠습니다:

> 이 예수를 하나님이 살리신지라 우리가 다 이 일에 증인이로다 하나님이 오른손으로 예수를 높이시매 그가 약속하신 성령을 아버지께 받아서 너희가 보고 듣는 이것을 부어 주셨느니라 그런즉 이스라엘 온 집은 확실히 알지니 너희가 십자가에 못 박은 이 예수를 하나님이 주와 그리스도가 되게 하셨느니라 하니라 (사도행전 2:32~33, 36)

이제는 예수님이 주님이십니다. 하나님이 예수님을 지극히 높이셨습니다. 그 증거로 성령을 부어주셨습니다. 그러므로 이제 이 땅에는 오직 주님 밖에 없습니다. 그 무엇도 주님보다 높지 않습니다. 그 누구도 주님이 하시는 일을 가로막을 수 없습니다. 예수님이 온 세상의 주인이시요 만 왕의 왕이십니다. 이것이 초대교회의 신앙고백이었습니다.

생각해보기

❀ 베드로는 이전과는 달리 산헤드린 공회 앞에서 담대하게 예수님을 증언합니다. 그가 이렇게 달라진 원인이 무엇이라고 생각합니까?

....

....

이 믿음은 교회를 전혀 다른 존재가 되게 했습니다. 교회는 지존하신 왕의 대리인입니다. 교회는 자신들 가운데 거하시는 하나님을 느끼고 알고 믿었습니다. 그리고 (1)그의 명령과 임재 속에서 서로 사랑하면서 하나의 공동체를 이루었습니다. 서로 약자를 돌아보면서 하나된 그 모습은 이 세상 어디에서도 찾아볼 수 없는 기이한 모습이었습니다. 이것을 본 예루살렘 사람들은 성전과 각 가정에서 모임을 갖는 교회를 칭송했습니다.

또한 (2)교회는 자신들 가운데 계신 하나님을 의식하고 그 믿음을 따라 살았습니다. 하나님의 말씀을 어기고 성령을 거스른 사람은 하나님의 직접적인 심판을 받았습니다. 아나니아와 삽비라 부부는 베드로 앞에서 성령을 속이다가 그 자리에서 죽었습니다. 주님을 경외하는 사람들은 점점 더 주님을 사랑하며 자신들 가운데 계시는 주님을 찬양하였지만, 어떤 사람들은 그리스도인들과 상종하기를 꺼렸습니다. 그들의 죄가 드러날까 두려웠기 때문인지 예수 믿는 사람들을 가까이 하지 않으려 했습니다. 그러나 백성들은 믿는 사람들과 교회를 칭송했습니다(행 5:12~13). 하나님께서는 교회를 통하여 하나님의 각종 지혜를 세상 사람들에게 나타내 보이셨습니다.

그뿐 아니라 (3)하나님이 함께 하시는 교회에서는 특이한 모습이 나타났습니다. 세상에서는 주인과 종이 한 자리에 앉아 식사하는 모습을 볼 수 없었는데, 교회 안에서는 그런 신분적 차별이 없어졌습니다. 그 안에서는 남녀의 차별도, 인종의 차별도 사라졌습니다. 그 안에서는 직업이나 재산의 차이가 아니라 오직 그리스도 안에서 한 가족이며 형제자매로서 살아갔습니다.

(4)하나님이 함께 하시는 교회는 세상 권세보다 더 높고 위대한 권세 아래 있음을 확신하고 있었습니다. 그래서 교회를 위협하는 사람들 앞에서도 제자들은 두려워하지 않고 담대히 자신들의 믿음을 증거했습니다. 전에 예수님을 잡아 심문하던 산헤드린 공회라는 유대인의 최고 자치통치기구의 지도자들은 예수님의 제자 베드로와 요한을 잡아 심문했습니다. 그들은 예수의 이름으로 설교하지 말라며 사도들을 위협했습니다. 그러나 베드로는 매우 담대하게 이렇게 말합니다:

> 너희와 모든 이스라엘 백성들은 알라 너희가 십자가에 못 박고 하나님이 죽은 자 가운데서 살리신 나사렛 예수 그리스도의 이름으로 이 사람이 건강하게 되어 너희 앞에 섰느니라 (사도행전 4:10)

> 우리는 보고 들은 것을 말하지 아니할 수 없다 (사도행전 4:20)

사도들은 예수 이름으로 설교하고 복음을 전하다가 채찍질을 당했습니다. 그러나 그들은 자신들이 예수의 이름으로 능욕을 받는 자가 된 것을 영광으로 여기면서 기뻐하면서 교회로 돌아왔습니다. 그리고 그들은 날마다 어디서나 예수님이 그리스도시라고 가르치기를 쉬지 않았습니다(행 5:41~42). 하나님이 함께 하시는 사람들의 담대한 행동 앞에서 세상의 권세자들도 어찌 하지 못했고, 그들 안에 있는 기쁨도 빼앗아가지 못했습니다.

이런 신앙의 고백은 우리의 찬송 가운데도 담겨 있습니다(찬송가 336장):

1. 환란과 핍박 중에도 성도는 신앙 지켰네
이 신앙 생각할 때에 기쁨이 충만하도다

(후렴)
성도의 신앙 따라서 죽도록 충성하겠네

2. 옥중에 매인 성도나 양심은 자유 얻었네
우리도 고난 받으면 죽어도 영광 되도다

3. 성도의 신앙 본받아 원수도 사랑하겠네
인자한 언어 행실로 이 신앙 전파하리라

생각해보기

❀ 하나님이 함께 하실 때 초대교회는 하나님의 지혜를 세상에 나타냈습니다. 그것은 구체적으로 어떤 모습으로 나타났나요? 네 가지로 정리해 보세요.

(1)..............................

(2)..............................

(3)..............................

(4)..............................

교회와 함께 하신 하나님은 교회를 통하여 하나님의 각종 지혜를 세상에 나타내시며, 또한 그것을 바라보는 하늘의 권세자들과 통치자들에게도 알게 하십니다. 그 옛날 야곱을 통하여 그의 외삼촌 라반에게 하나님의 지혜를 알게 하셨던 것처럼, 요셉을 통하여 온 이집트와 파라오에게 하나님의 지혜를 알게 하셨던 것처럼, 또한 다윗과 솔로몬을 통하여 땅 끝까지 하나님의 지혜를 알게 하셨던 것처럼, 이제는 교회를 통하여 하나님께서는 당신의 지혜를 온 세상뿐 아니라 하늘에 있는 권세자들에게까지도 알게 하십니다.

하늘의 권세자들과 통치자들은 온 세상 사람들을 종으로 부려 권세 앞에 무릎을 꿇게 하며, 부익부 빈익빈, 유전무죄 무전유죄, 갑의 횡포 등으로 자신의 통치를 받게 하는 공중의 권세잡은 자들입니다. 그런데 이상하게도 이 땅에 자신들의 권세와 위협, 그리고 유혹이 통하지 않는 무리가 나타났습니다. 그들이 유심히 볼 때 그 무리들은 모두 예수 이름을 부르며 하나님을 사랑하는 자들이었습니다. 그들 가운데 하나님의 영광이 있었으며, 그들은 서로 사랑하며, 차별이 없는 사회를 이루어가고 있었습니다. 서로를 존중하여 남을 자기보다 낫게 여기고 섬기는 사랑의 공동체였습니다. 그렇게 교회는 하나님의 각종 지혜를 이제 하늘에 있는 권세자들에게까지 알게 하는 하나님의 대리인이 되었습니다.

생각해보기

❀ 에베소서 3장 10절에서 바울이 말하는 바, 하늘에 있는 권세자들과 통치자들은 누구며, 그들은 어떤 방식으로 세상을 통치하나요?

하나님의 대리인 교회가 하는 네 가지 일

이렇게 하나님은 그 대리인인 교회를 통하여 지금도 하나님의 각종 지혜를 나타내십니다. 그렇게 성공적인 대리인의 임무를 잘 하는 교회가 부지런히 하는 네 가지 일이 있습니다. 그것을 사도행전의 초대교회에서 우리는 발견합니다:

> 그들이 사도의 가르침을 받아 서로 교제하고 떡을 떼며 오로지 기도하기를 힘쓰니라 (사도행전 2:42)

여기에는 '오로지 힘쓴다'(헬. *쁘로스까르떼레오 Proskartereo* < *kratos*, power)는 표현이 나옵니다. 이 말은 어떤 일에 숙달이 되어 그 일이 자신에게 힘이 되게 하기까지 노력을 하고 정성을 쏟았다는 말입니다. 이것은 군인이 불퇴진의 정신으로 그 자리를 지키는 모습을 생각나게 합니다. 그런 열심으로 초대교회는 네 가지 일에 전념했습니다.

그것은 첫째, 사도들의 가르침을 받는 일입니다. 사도들이 가르친 것은 예수 그리스도의 복음입니다. 복음은 가스펠(gospel)이라고 하는데, 이는 좋은 이야기(good spell, tale)를 말합니다. 사도들의 가르침은 사람들의 마음에 새로운 이야기를 들려줍니다. 그래서 사람들은 자신들 속에 있던 옛 이야기를 버리고 새롭고 좋은 이야기를 마음에 담기 시작합니다.

사람은 저마다 마음 속에 이야기가 있습니다. 어떤 사람은 마음 속에 슬픈 이야기를 담고 살아갑니다. 어떤 사람은 실패하는 이야기, 어떤 사람은 신나는 이야기, 어떤 사람은 허무한 이야기가 마음에 가득합니다. 우리들은 살아오면서 많은 이야기를 보고 듣습니다. 그 이야기들은 우리 마음 속에서 우리의 인생을 그 이야기처럼 만들어 갑니다. 그러므로 인생이 바뀌려면 사람의 마음 속에 있는 이야기가 바뀌어야 합니다. 사도들의 가르침은 이렇게 사람들에게 새롭고 좋은 이야기, 하나님의 사랑 이야기, 예수님의 은혜 이야기, 그리고 성령님이 함께 하신다는 이야기로 채워갑니다. 그리고 그들의 이야기에 따라 교회는 살아가기 시작합니다. 그러므로 교회에서 가장 중요한 일은 가르침입니다. 성경공부를 열심히 할 때 우리에게 일어나는 일이 바로 이런 '마음 속의 이야기 바꾸기'입니다. 복음은 기쁜 이야기요 좋은 이야기입니다. 우리가 마음을 다해 하나님의 새 이야기를 배울 때 우리는 하나님의 대리인으로 살아갈 수 있습니다.

생각해보기

❀ 초대교회가 사도들의 가르침을 받는 일에 힘썼습니다. 가르침이 사람에게 미치는 중요한 효과는 무엇입니까?

<u>둘째, 초대교회가 진실과 성심을 다해 한 일은 서로 교제하는 일입니다.</u> 그것은 함께 식사하고 함께 기뻐하며 함께 슬퍼하면서 서로 마음을 같이 하는 일입니다. 교회의 진정한 능력은 서로 함께 하는 데 있습니다. 초대교회는 서로를 아껴주고 서로에게 도움이 되며, 격려해 주고, 기

도해 주며 축복해 주며, 서로를 응원해 주는 공동체를 만드는 일에 최선을 다했습니다. 그것은 그들이 주 안에서 한 가족이며 하나였기 때문입니다. 그들은 더 이상 세상의 기준으로 서로를 평가하지 않으며 오직 그리스도 안에서 한 형제자매로 서로를 대했습니다. 그랬더니 사람들이 교회로 몰려왔습니다. 이 사실을 사도행전에서 누가는 이렇게 묘사합니다:

> 날마다 마음을 같이하여 성전에 모이기를 힘쓰고 집에서 떡을 떼며 기쁨과 순전한 마음으로 음식을 먹고, 하나님을 찬미하며 또 온 백성에게 칭송을 받으니 주께서 구원 받는 사람을 날마다 더하게 하시니라 (사도행전 2:46~47)

교회는 기쁨과 순전한 마음으로 음식을 먹고 하나님을 찬미하는데 주께서는 구원 받는 사람을 날마다 더하게 하셨습니다. 잘 먹고 기쁨으로 식사하고 순전한 마음으로 음식을 나눠먹는 교회가 부흥합니다.

생각해보기

❀ 초대교회가 나눈 교제는 그들을 세상에서 독특한 존재로 만들었습니다. 그들의 교제가 초대교회를 부흥으로 이끈 비결은 무엇일까요?

....

....

셋째, 초대교회가 부지런히 한 일은 떡을 떼는 일입니다. 성경에서 떡을 뗀다는 말은 음식을 먹는다는 말과는 좀 다릅니다. 위의 사도행전

2:46에서도 떡을 떼며 기쁨과 순전한 마음으로 음식을 먹었다고 그 두 행위를 구별합니다. 여기서 떡을 뗀다는 말은 주의 만찬을 먹는다는 의미입니다. 예수께서 제정하신 성만찬은 떡을 뗀다는 말로 성경 곳곳에서 표현됩니다(행 20:11, 27:35, 고전 11:23, 26, 28).

제자들이 초기 교회에서 성만찬을 그렇게 자주 한 이유는 무엇일까요? 그들에게 있어서 가장 중요한 일은 예수로 말미암아 사는 것입니다. 예수님은 그들에게 삶의 이유가 되시고 소망이 되십니다. 그리고 모든 문제와 환난 역경을 이길 수 있는 능력입니다. 예수님이 그들 안에 계시고 그들의 생명이 되심을 기억하는 것은 초대교회가 승리하고 생명이 넘친 원동력입니다. 그들은 성찬의 떡을 떼면서 예수님이 자신들 안에서 자신들을 통해서 사심을 믿었습니다. 그래서 우리 교회가 매번 만나 인사하는 말, "하나님이 우리와 함께 하십니다!" "하나님이 지금도 일하고 계십니다!"는 우리에게는 매일 성찬식을 하는 것과 비슷한 일입니다. 믿음으로 그 고백을 하면서 살아갑시다. 그리고 그 고백으로 성찬에 임하여 떡을 뗍시다. 그런 교회는 하나님의 대리인으로 씩씩하게 살아갈 수 있습니다.

생각해보기

❀ 초대교회는 오늘날보다 자주 성찬의 떡을 뗐습니다. 그것이 그들에게 중요한 이유는 무엇이었을까요?

초대교회가 힘쓴 네 번째는 기도하는 일이었습니다. 가장 먼저 사도들은 기도하는 일에 힘을 썼습니다. 그들은 규칙적으로 시간을 정해서 기도했습니다(행 3:1). 그들의 일이 많아지면 기도 시간을 별도로 마련하기 위해 구제하는 일을 다른 사람에게 맡기기도 했습니다(행 6:4). 사도들과 제자들은 기도를 통해서 하나님이 일하시는 것을 보았으며(행 3장), 하나님이 가라고 하시는 곳을 알게 되었으며(행 8:26), 누구를 보내야 하는지 지도를 받았습니다(행 13:2). 초대교회에서 기도란 규칙적으로 지켜야 할 종교활동이라기보다는 성령과 동행하는 시간이며 하늘로서 내려오는 임무를 하달받는 시간이었습니다. 기도를 통하여 교회는 한 마음이 되었고, 기도를 통하여 교회는 전도의 문이 열리는 것을 보았습니다. 그러므로 사도들과 사역자들, 직분자들 곧 하나님의 일을 하는 사람들에게는 기도가 무엇보다도 중요했습니다. 왜냐하면 그들은 기도를 통해서 하나님의 인도를 받았기 때문입니다. 교회가 하나님의 대리인으로서 그 임무를 잘 하려면 반드시 집중적이고 규칙적인 기도가 필요합니다.

생각해보기

❀ 초대교회의 기도생활에서 두드러진 특징은 무엇입니까? 그것이 오늘날의 우리 기도와 어떤 점에서 달랐나요?

■ 요약 ■

하나님의 경륜 (4)
교회를 통해 성취되는 하나님의 궁극적인 목적

하나님은 오늘도 교회라는 대리인을 통해 하나님의 궁극적인 목적을 이루십니다. 그것은 교회를 통하여 하나님의 각종 지혜를 하늘에 있는 권세자들에게까지 알게 하시는 것입니다. 그래서 교회는 하늘에 있는 권세자들의 통치를 거부하고 그리스도를 주님이라고 부르고 섬깁니다. 그리고 세상의 가치관과 문화를 거슬러 새로운 문화, 하늘의 문화를 창조합니다. 그것은 이 세상 문화에 대한 대안(代案)이기도 하며 도전이기도 합니다. 그러나 동시에 교회는 세상으로부터 미움을 받기도 합니다. 그러나 하나님의 대리인들은 결코 두려워하지 않으며 도리어 주의 이름을 위해 박해 받는 것을 기쁨으로 여깁니다.

이런 일을 위해 교회는 사도들의 가르침을 받아 서로 교제하고 떡을 떼며 오로지 기도하기를 힘씁니다. 그렇게 해서 하나님의 대리인인 교회는 하나님의 지혜를 세상과 하늘에 있는 권세자들에게까지 알게 합니다. 우리 교회도 그런 교회요 하나님의 진정한 대리인이자 충성된 일꾼이며 하나님의 비밀의 경륜을 맡은 자들입니다. 우리 모두 위에서 본 바와 같이 초대교회가 힘쓴 네 가지 일에 전심전력하여 하나님이 일하시는 교회를 만들어 갑시다. 할렐루야!

생각해보기

❀ 이번 메시지를 통하여 제시된 하나님의 경륜의 궁극적인 목적이 무엇입니까? 그리고 그것은 어떻게 성취될 수 있습니까?

❀ 초대교회에서 힘쓴 네 가지의 일을 볼 때, 우리에게 적용할 점은 무엇입니까?

❀ 오늘 설교를 통해서 배우고 깨달은 사실은 무엇입니까?

하나님의 궁극적 목적

하나님의 궁극적 목적은

교회를 통하여

하나님의 각종 지혜를

하늘의 통치자들에게 알게 하시는 것이다.

(에베소서 3:10)

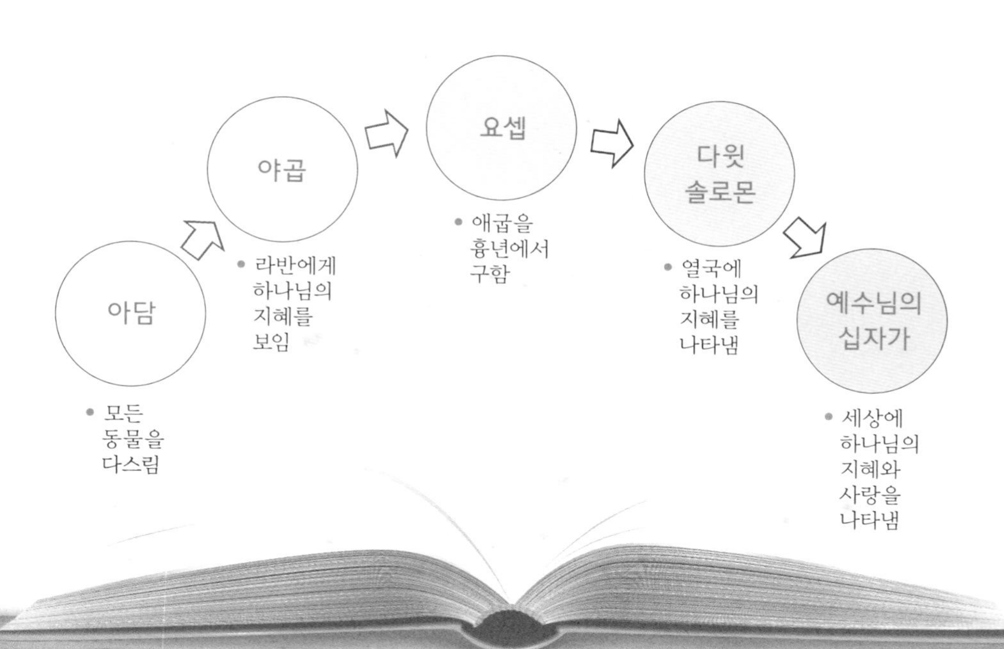

God's Master Plan

하나님의 경륜

그러므로 형제들아 너희가 알 것은

이 사람을 힘입어 죄사함을 너희에게 전하는 이것이며

또 모세의 율법으로 너희가 의롭다 하심을 얻지 못하던

모든 일에도 이 사람을 힘입어

믿는 자마다 의롭다 하심을 얻는 이것이라

사도행전 13:38~39

05

예수님의 부활이 특별한 까닭

사도행전 13:16~41

하나님의 경륜 시리즈

05

예수님의 부활이 특별한 까닭

사도행전 13:16~41

(비시디아 안디옥에서 바울의 설교)

◒ 설교 개요

1. 부활, 그 생경(生硬)함
2. 부활, 사도들의 핵심 메시지
3. 부활이 사도들에게 갖는 의미
4. 오늘날 부활을 오해한 경우
5. 부활이 기독교 신앙의 핵심인 까닭

◒ 설교 목적

부활은 창조 세계에서 가장 놀라운 일이며, 초대교회의 핵심 메시지였다. 그 이유는 부활이 기독교 신앙의 핵심이기 때문이며, 부활을 통하여 예수님이 하나님의 아들 그리스도시며, 만 왕의 왕이심이 확증되었기 때문이다.

1. 부활, 그 생경(生硬)함

할렐루야! 오늘은 부활절입니다. 부활절은 예수님이 다시 사신 것을 기념하는 절기입니다. 지금부터 2,000년 전 예수님은 예루살렘의 한 무덤에서 다시 살아나셨습니다. 무덤에 묻힌 지 사흘 째 되는 날입니다. 금요일에 무덤에 장사 지냈는데 토요일을 지나 그 다음 날 아침에 부활하셨습니다. 유대인들은 우리가 토요일이라고 부르는 날을 안식일이라고 부릅니다. 예수님의 부활은 안식일 후 첫날에 일어났습니다. 이것은 기독교가 유대교와는 달리 안식일이 아닌 주일 곧 일요일을 예배의 날로 정한 결정적인 이유이기도 합니다. 부활절은 기독교를 기독교가 되게 한 날이요, 기독교가 유대교와 같은 성경을 39권이나 사용하면서도 유대교가 아닌 이유가 바로 이 날 예수님이 부활하신 사건 때문입니다.

생각해보기

❀ 예수님의 부활은 안식일에서 주일로 그 중심을 바뀌게 한 일에 어떤 영향을 주었다고 생각합니까?

그러나 부활은 우리에게 생경(生硬)합니다. 우리가 그 낱말은 많이 들어서 익숙하지만 실제 생활에서 부활을 생각해 보면 무척 어색할 것입니다. 어떤 아내가 남편을 너무 사랑하여 함께 행복하게 살고 있다고 가정해 봅시다. 그런데 그의 남편이 어느 날 갑자기 죽었는데 남편을 너무 사랑하는 아내는 남편이 다시 살아날 줄 기대하고 그 시신을 방에 모셔놓고 매일 식사를 차리고 인사를 하면서 같이 생활한다고 가정해 봅시다. 그런 사람이 우리 동네에 산다면 우리는 어떻게 해야 할까요? 네, 아마 그런 경우에는 경찰이나 병원에 신고를 해야 하겠지요? 죽은 자가 다시 살아난다는 것은 우리에게 너무 낯선 이야기입니다. 죽은 자는 썩는 것이 당연한 것이지요.

생각해보기

❀ 죽은 사람이 다시 살아나는 것을 사람들이 쉽게 받아들이지 못하는 원인은 무엇이라고 생각합니까?

....

....

오늘 본문인 사도행전 13장에서 사도 바울은 비시디아 안디옥에 사는 유대인들의 회당에 복음을 전하러 갔습니다. 유대인들은 바울에게 좋은 말씀을 해 달라고 부탁을 합니다. 그 때 바울은 예수님에 관하여 말하기를 시작합니다:

> 예수님은 우리 조상 다윗의 자손으로 나셨는데, 그분은 선지자들이 말한 구원자이셨습니다. 세례 요한은 그분이 바로 그리스도시라고 소개했습니다. 그런데 예언자들의 예언대로 예루살렘 사람들이 그분을

죽이라고 빌라도에게 내주었습니다. 빌라도는 예수님을 십자가에 못 박아 죽였습니다. 그런데 하나님이 예수님을 다시 살리셨습니다. 그리고 여러 날 동안 우리들에게 나타내 보이셨습니다. 우리는 다시 사신 주님을 목격한 증인들입니다.

시편[16:10]에도 기록하기를, 주의 거룩한 자는 썩음을 당치 않는다고 하지 않았습니까? 이분을 믿으면 죄 용서를 받으며, 하나님 앞에 의롭다고 인정 받아 그 앞에 나아갈 수도 있습니다. 그러나 여러분에게 권면합니다. 예언자들이 말하기를, 하나님께서 한 일을 하실 것인데 그 일은 사람이 말하여도 도무지 믿지 못할 일이라고 했습니다. 여러분, 오늘 내가 여러분에게 하는 이 이야기를 믿으시겠습니까?

바울이 이렇게 설교하자 어떤 사람들은 저게 무슨 말인가 하며 비방하고 시기가 가득하여 바울이 전한 예수님의 부활 이야기를 배척하고 말았습니다.

생각해보기

❀ 비시디아 안디옥에서 예수님의 부활에 대해 설교하던 바울은, 그 사실을 입증하기 위해 무엇을 증거로 제시했나요?

그러니까 2,000년 전 바울과 같은 사도가 예수님의 부활에 관해서 설교를 해도 사람들은 믿지 않았습니다. 실은 예수님의 제자들도 처음에는 예수님의 부활을 믿지 않았습니다. 예수님이 부활하시던 날 아침 일찍 어떤 여자들이 예수님의 무덤에 찾아갔습니다. 그 무덤은 동굴무덤이라 큰 돌로 그 입구를 막아둔 것인데, 그 여자들이 무덤에 갔을 때 돌은 이미 옆으로 굴려져 있고 무덤은 훤히 열려 있었습니다. 놀라서 달려 들어가 보니 예수님의 시체는 없었습니다. 예수님의 시체가 없어졌다고 울고 있는데 부활하신 예수님이 그 여자들에게 나타나셨습니다.

여자들은 너무 놀랍고 기쁜 나머지 어찌 할 바를 몰랐습니다. 그런데 예수께서는 그 여자들에게 '가서 제자들에게 이 사실을 알리라'고 말씀하셨습니다. 여자들은 한 달음에 제자들이 숨어 있는 집에 들어가 이 소식을 전했습니다. 그러자 예수님을 3년이나 따랐던 제자들은 여자들의 말을 믿지 않고 그 여자들을 불쌍히 여겼습니다. 실성한 사람들로 보았습니다. 그런데 베드로와 요한은 확인해 보아야겠다는 생각으로 무덤까지 달려가 무덤이 빈 것을 확인했습니다. 그런데 예수님을 만나지는 못했습니다. 그리고 돌아와 다른 제자들에게 정말로 무덤이 비어 있었다고 말했습니다. 그러나 제자들은 무덤이 왜 비었는가 의구심을 가지면서도 예수님이 부활하신 것을 믿지는 않았습니다. 죽은 사람이 다시 살아나는 부활은 정말 낯설고 어색하여 믿기지 않는 일이었습니다.

생각해보기

❀ 무덤에 다녀온 여인들의 말을 따라 예수님의 부활의 소식을 들은 제자들은 왜 예수님의 부활을 믿지 않았을까요?

2. 부활, 사도들의 핵심 메시지

그런데 예수님은 정말 다시 살아나셨습니다. 부활하신 예수님은 무덤에 왔던 마리아라는 여인에게 가장 먼저 나타나셨습니다. 그리고 실망에 빠져 있는 제자들에게 나타나셨습니다. 그리고 그들과 더불어 음식을 먹고 이야기를 나누셨습니다. 누가복음과 사도행전을 기록한 누가는 이 사실을 이렇게 기록합니다:

> 그가 고난 받으신 후에 또한 그들에게 확실한 많은 증거로 친히 살아 계심을 나타내사 사십 일 동안 그들에게 보이시며 하나님 나라의 일을 말씀하시니라 (사도행전 1:3)

성경은 제자들이 처음에는 예수님의 부활을 믿지 않았다고 기록합니다. 그런데 부활하신 주님을 만나고 나서 그들의 삶이 바뀌었습니다. 부활하신 예수님은 40일 동안 제자들에게 나타나 보이셨습니다. 어떤 제자들는 예수님의 죽음에 실망하여 고향으로 가던 길에서 부활하신 예수님을 만났습니다. 어떤 제자들은 고향에 가서 옛날에 하던 직업인 고기 잡이를 하다가 부활하신 예수님의 부르심을 받아 다시 제자들이 모인 예루살렘으로 돌아오기도 했습니다. 어떤 제자는 자기 손가락으로 예수님의 못자국을 만져보기 전에는 절대로 믿을 수 없다고 단언하기도 했습니다. 그런데 일주일 후에 예수님이 그 제자(도마) 앞에 나타나셔서 손가락으로 못자국과 창 자국에 넣어 보라고 하셨습니다.

그렇게 제자들은 모두 예수님의 부활을 목격한 증인들이었습니다. 그리고 마침내 예수님의 말씀대로 감람산이라는 곳에 제자들이 모였습니다. 거기에 모인 500여 제자들은 부활하신 예수님이 하늘로 올라가시는 모습을 보았습니다.

생각해보기

❀ 제자들이 부활의 증인이라는 말은 그들이 부활을 목격했다는 말입니다. 부활하신 주님을 목격한 사람들은 누구였나요?

....

....

제자들에게 하늘로 가시기 전에 예수께서는 약속을 하셨습니다:

"나는 아버지께로 간다. 그러나 몇 날이 못 되어 너희는 아버지께서 너희에게 보내시리라고 약속하신 분을 맞이할 것이다. 그는 나와 같은 분이다. 그래서 나는 너희 가운에 다시 돌아올 것이다. 너희를 고아와 같이 버려두지 않을 것이다. 그 날에는 내가 아버지 안에 있는 것처럼, 너희는 내 안에, 나는 너희 안에 있음을 너희가 알 것이다. 그러면 너희는 온 세상에 나를 증거하는 증인이 될 것이다."

제자들은 예수님의 약속대로 한 자리에 모여 간절히 기도하면서 기다렸습니다. 예수님이 약속하신 또 다른 분, 예수님과 같은 분이시면서 예수님을 소개하실 성령님을 기다렸습니다. 그분은 하나님의 영이며, 예수의 영이었습니다. 그렇게 간절히 기다리던 10일째 되는 날, 그들의 방에 이상한 일이 일어났습니다. 누가는 이 사실을 이렇게 기록합니다:

오순절 날이 이미 이르매 그들이 다같이 한 곳에 모였더니, 홀연히 하늘로부터 급하고 강한 바람 같은 소리가 있어 그들이 앉은 온 집에 가득하며, 마치 불의 혀처럼 갈라지는 것들이 그들에게 보여 각 사람 위에 하나씩 임하여 있더니, 그들이 다 성령의 충만함을 받고 성령이 말하게 하심을 따라 다른 언어들로 말하기를 시작하니라 (사도행전 2:1~4)

사도들과 제자들은 분명히 느낄 수 있었습니다. 예수님의 말씀대로 그들 안에 하나님의 성령이 오셨음을 확신할 수 있었습니다. 그리고 그들에게 오신 성령께서는 마치 어두운 방 안을 밝게 비추는 등불처럼 제자들에게 지혜의 빛을 비추셨습니다. 제자들은 성령의 조명(照明)으로 모든 것을 깨닫기 시작했습니다. 그들의 마음에 예수께서 하신 말씀이 생각났습니다. 왜 그 때 그런 말씀을 하셨는지 깨닫기 시작했습니다. 그리고 제자들에게 구약성경의 이야기들도 새로운 의미로 다가오기 시작했습니다. 성경 전체를 관통하며 흐르는 웅장한 이야기의 흐름이 보이기 시작했습니다.

그들은 눈을 감고 기도하고 있지만 성령께서 그들에게 밝은 빛을 비추시니 모든 것이 점점 밝아졌습니다. 그리고 그들의 마음에 하나님의 섭리가 깊이 깨달아졌고 그 사랑이 느껴지기 시작했습니다. 그러자 어떤 제자들은 눈물을 흘리며 기뻐하기 시작했고, 어떤 제자들은 하나님께 회개하며 통곡하기도 했습니다. 그것은 마치 뒤늦게 아버지의 마음을 깨달은 불효자의 절규와 같은 것이었습니다. 또는 천애 고아로 고독과 멸시 가운데 살던 이가 부모와 재회한 것 같은 감격이 아니었을까 생각해 봅니다. 어떤 제자는 노래를 부르면서 하나님의 은총에 감사했습니다. 그리고 점차 많은 제자들이 이상한 말을 하기 시작했습니다. 그것은 이전에 한 번도 들어보지 못한 언어였습니다. 곧 방언이었습니다. 그것은 자기 나라 말이 아닌 이방 나라의 언어였습니다.

제자들은 분명히 알았습니다. 지금 예수님이 자신들 가운데 계시다는 것을 확신할 수 있었습니다. 왜 예수께서 승천하시기 전에 그런 말씀을 하셨는지 이제는 이해할 수 있었습니다: 볼지어다 내가 세상 끝날까지 너희와 항상 함께 있으리라(마 28:20). 지금 예수께서 자신들 가운데 계심을 알았습니다. 그리고 자신들도 예수님 안에 있음을 확신할 수 있었습니다. 그리고 그들은 담대하게 나가서 전하기 시작했습니다:

"예수님이 다시 살아나셨습니다!
예수님이 지금 우리 안에 계십니다.
누구나 죄를 회개하고 예수님을 믿으면
예수님이 그 안에 성령으로 들어오십니다.
우리와 함께 계시듯 그분도 우리처럼
성령의 인도를 받으며 살아갈 수 있습니다."

사도행전에는 예수님의 제자들이 나가서 복음을 전한 이야기가 실려 있습니다. 그 중에는 설교도 12편 정도 있는데 그 모든 설교의 핵심적인 이야기는 예수님의 부활입니다. 제자들은 가는 곳마다 예수님이 다시 사셨다는 소식을 전했습니다. 그것을 전할 때 많은 사람들이 예수님을 믿었습니다. 그러나 어떤 사람들은 예수님의 부활 소식을 전하지 못하게 비방하며 방해하고 박해하기도 했습니다. 그러나 목숨을 잃을지언정 예수님의 부활 소식을 전하는 일을 포기하지 않았습니다. 그렇게 예수님의 부활은 기독교의 핵심이자 사도들의 메시지의 중심주제였습니다. 예수님의 제자들은 부활의 증인이었습니다.

생각해보기

❀ 제자들을 부활의 증인이라고 부르는 까닭은 그들이 예수님의 부활을 증언했기 때문입니다. 그들은 왜 그렇게 예수님의 부활을 전하는데 열심이었을까요? 부활은 그들에게 어떤 의미가 있었다고 생각합니까?

3. 부활이 사도들에게 주는 의미

그러면 왜 사도들은 그렇게 예수님의 부활을 중요하게 생각했을까요? 예수님의 부활은 사도들에게 어떤 의미가 있었을까요?

예수님의 제자들은 예수님을 따라다니면서 예수께서 하신 놀라운 일과 가르침을 보고 이분은 위대한 하나님의 사람, 또는 하나님의 선지자라고 믿었습니다. 어떤 이는 이분이 바로 기다리던 메시아라고 고백하기도 했습니다. 그런데 백성의 지도자들은 예수님을 붙들어 죄인으로 판결하고 십자가에 못박아 죽이라고 내주었습니다. 나무에 달려 죽은 사람은 하나님의 저주를 받은 자라고 한 성경말씀(신 21:23)을 생각해 볼 때, 다시는 예수님을 하나님의 구원자라고 말할 수 없을 것 같았습니다. 어떻게 하나님의 구원자가 하나님의 저주를 받는 죽음인 나무에 달려 죽을 수 있습니까? 어쩌면 유대인의 지도자들이 노린 것이 바로 이것이었는지도 모릅니다. 그래서 예수님의 죽음 이후 제자들은 그렇게 실의에 빠졌던 것 같습니다.

그런데 하나님이 예수님을 다시 일으키셨습니다. 그것은 마치 예수님에게 내린 유죄 판결이 잘못이라고 하나님이 선언하시는 것과 같았습니다. 예수님이 진정한 구세주요, 하나님의 참 아들이라고 하나님이 증거하시는 것과 같았습니다. 예수님의 못자국을 만진 제자 도마는 주님 앞에 무릎을 꿇고 고백합니다:

> 당신은 나의 주님이시요 나의 하나님이십니다 (요한복음 20:28)

그리고 하나님이 예수님을 하늘로 올리셔서 모든 권세를 예수님에게 주셨다는 것을 제자들은 확신할 수 있었습니다. 전에 예수님이 생전에 사역을 하실 때, 제자들은 마을들을 다니며 "하나님의 나라가 가까이 왔다"고 외쳤습니다(눅 10:9). 그러나 이제 제자들은 온 세상을 다니며 "예수님이 그리스도시다! 예수님이 주님이시다! 예수님이 만물을 다스리신다! 예수님의 나라가 시작되었다! 회개하고 복음을 믿으라!"라고 외쳤습니다.

생각해보기

❀ 예수님의 부활 이후에 제자들의 메시지는 어떻게 바뀌었나요?

예수님의 부활을 목격하고 나서 제자들은 이제 온 세상의 주인이 바로 예수님이심을 알았습니다. 하나님이 나사렛 예수에게 모든 권세를 맡기셨음을 확실히 믿고 알았습니다. 그래서 제자들은 이제 예수님의 이름을 담대히 사용하기 시작했습니다. 제자들은 예수님의 이름으로 귀신을 쫓아내기 시작합니다. 예수님의 이름으로 병자를 고치기도 합니다. 예수님의 이름으로 기도하기 시작합니다. 예수님의 이름으로 기도하면 하나님이 들으신다고 약속하셨기 때문입니다. 예수님의 이름은 죄를 용서하는 권세가 있습니다. 그래서 제자들은 예수님의 이름으로 사람들의 죄를 용서해 주었습니다. 그리고 누구든지 그 이름을 부르는 사람은 구원을 받는다고 구원을 주시는 이름, 예수님의 이름을 전했습니다.

이 모든 것이 부활하신 예수님을 목격한 제자들이 깨달은 사실이었습니다. 예수님의 이름을 부르면서 제자들은 이 세상을 복음과 사랑으로 정복하기 시작했습니다. 어떤 사람들은 칼에 죽임을 당해도 굴하지 않았습니다. 옥에 갇히고 고문을 당하고 갖은 박해를 받아도 예수의 이름을 부르는 사람들은 더 높은 권세 아래 있는 자신들이 결국 승리할 것을 믿으면서 복음을 전했습니다. 그리고 복음은 이렇게 아시아의 끝자락에 있는 한반도에까지 편만하게 증거되었습니다. 그리고 오늘 우리들도 제자들처럼 부활하신 주님이 온 세상의 구주시며 통치자이신 것을 믿고 주님의 뜻을 따르고 있습니다. 기독교의 신앙은 부활의 신앙입니다. 부활의 신앙은 곧 예수께서 만 왕의 왕이심을 믿고 고백하는 신앙입니다.

생각해보기

❀ 예수님의 부활은 제자들에게 놀라운 확신을 주었습니다. 제자들이 새롭게 확실히 알게 된 것은 무엇입니까?

....

....

4. 오늘날 부활을 오해한 경우

예수님이 부활하신 것은 몸이 다시 살아나셨다는 말입니다. 그것은 제자들의 가슴 속에 기억된다는 말이 아닙니다. 공자의 가르침은 그의 제자들에게 전수되었습니다. 그리고 훌륭한 사람을 잊지 않기 위해 그의 교훈을 가슴 속에 간직하기도 합니다. 그래서 사람들은 말합니다: "저의 어머니는 저의 가슴 속에서 아직도 살아계십니다." 예수님의 부활이 제자들에게 깊은 감동을 준 것으로 이해되어서는 안 됩니다. 그것이 예수님과 석가모니, 예수님과 공자나 맹자의 차이점입니다. 예수님은 실제로 다시 살아나셨습니다.

또한 부활은 몸은 죽어 흙이 되지만 우리의 영혼이 살아 있는 것과도 다릅니다. 흔히 내세에서 삶을 저승이라고 하고 이생에서의 삶을 이승이라고 합니다. 그래서 저승 또는 내세에서 우리의 영혼이 사는 것을 부활이라고 생각하기 쉽습니다. 그러나 부활은 몸이 다시 사는 것입니다. 그러기에 기독교의 부활은 몸이 다시 사는 것을 믿는 것입니다. 그 몸을 성경은 신령한 몸이라고 가르쳐 줍니다. 썩지 않는 몸이라고 부릅니다. 예수님을 살리신 하나님이 우리 죽을 몸도 다시 살리실 것입니다. 예수님은 부활하신 후에 제자들과 더불어 생선도 드시고 식사도 같이 하셨습니다. 이것은 유령이 아니라 새로운 몸을 입으셨음을 보여줍니다.

부활은 불교에서 말하는 환생(還生)과도 다릅니다. 환생은 윤회사상에서 온 것으로 사람이 죽어 짐승이나 다른 생물로 다시 태어난다는 주장입니다. 그것은 불교 사상으로서 기독교에서 말하는 부활과는 다릅니다. 기독교의 부활은 어떤 것입니까? 이생은 단 한번뿐이며 죽음 후에는 심판이 있어 의인은 생명의 부활로 일어나고, 악인은 심판의 부활로 다시 일어나는 것입니다(요 5:29).

> 사람이 한 번 죽는 것은 정해진 운명이지만죽은 후에는 심판이 있습니다. 이와 같이 그리스도께서도 많은 사람의 죄를 없애려고 단번에 희생의 제물이 되셨습니다. 그리고 다시 오실 때에는 죄를 위해서가 아니라 자기를 기다리는 사람들에게 구원을 주시기 위해서 두 번째 나타나실 것입니다. (히브리서 9:27~28, 현대인의성경)

그러므로 그리스도인의 부활은 생명의 부활을 말하며 악인은 몸이 다시 살아 심판을 통해 영원한 벌을 받을 것입니다. 성경은 그것을 지옥이라고 설명합니다.

생각해보기

❀ 기독교의 부활과 다른 세 가지 생각은 무엇입니까?

....

....

5. 부활이 기독교 신앙의 핵심인 까닭

부활은 몸이 다시 사는 것을 말합니다. 예수님의 부활은 이 사실을 명백하게 보여주었습니다. 그런데 우리가 기념하는 예수님의 부활이 기독교 신앙의 핵심입니다. 왜냐하면 부활을 통하여 제자들은 나사렛 사람 예수님이 하나님의 아들이심을 분명히 알았기 때문입니다. 부활 사건을 통하여 하나님은 나사렛 예수를 하나님의 아들이며 온 세상의 주인이라고 선포하셨습니다(롬 1:4). 그래서 우리는 부활하신 예수님이 구원하는 권세, 죄를 용서하는 권세, 귀신을 쫓아내는 권세, 기도를 들어주는 권세를 가지신 분임을 알고 믿습니다. 그리고 그 주님은 지금도 살아계셔서 우리 안에 거하시며 우리 가운데서 일하고 계십니다. 그래서 우리를 오늘도 지도하시고 감동 감화하십니다. 그 주님은 우리를 언젠가 자기와 같은 영광스런 몸으로 변하게 하실 것입니다. 그것이 기독교 신앙의 핵심인 부활 신앙입니다. 주님이 우리와 함께 하십니다. 할렐루야!

생각해보기

❀ 예수님의 부활이 기독교 신앙의 핵심인 까닭은 무엇입니까?

또 내게 말씀하시되

이루었도다 나는 알파와 오메가요

처음과 마지막이라

내가 생명수 샘물을 목마른 자에게 값없이 주리니

이기는 자는 이것들을 상속으로 받으리라

나는 그의 하나님이 되고 그는 내 아들이 되리라

요한계시록 21:6~7

06
새
창조

요한계시록 21:1~7

하나님의 경륜 시리즈

06

새 창조

요한계시록 21:1~7

하나님의 경륜을 아는 것이 중요하다!

지금 우리는 하나님의 경륜에 대해 살펴보고 있습니다. 하나님의 경륜은 하나님이 세상을 통치하시는 계획과 방법에 대한 이야기입니다. 물론 이것은 하나님을 사랑하고 아버지라고 부르는 사람들과 예수님을 주님이라고 부르며 살아가는 사람들에게는 최고의 관심사이지만, 무신론자들에게는 전혀 의미가 없는 말이기도 합니다. 성경은 이런 무신론자들에 대해 여러 번 언급합니다. 그 중 몇 가지를 소개하자면 다음과 같습니다:

- 어리석은 자는 그 마음에 이르기를 하나님이 없다 하도다(시 14:1)

- 악인은 그 교만한 얼굴로 말하기를 여호와께서 이를 감찰치 아니하신다 하며 그 모든 사상에 하나님이 없다 하나이다(시 10:4)

- 또한 저희가 마음에 하나님 두기를 싫어하매 하나님께서 저희를 그 상실한 마음대로 내어 버려두사 합당치 못한 일을 하게 하셨으니(롬 1:28)

그러나 하나님의 백성은 늘 하나님의 말씀을 묵상하면서 주님의 뜻을 행하는 사람입니다. 그러므로 우리가 하나님의 백성으로서 하나님의 뜻을 이해한다는 것은 정말 중요한 일입니다. 그래서 사도 바울은 에베소서와 빌립보서를 통하여 하나님의 경륜을 설명합니다. 그리고 그 경륜은 본래 사람들에게 알려진 것이 아니었으므로 비밀의 경륜이라고 부르기도 합니다.

생각해보기

❀ 성경은 무신론자 또는 불신자의 특징을 어떻게 묘사합니까?

예수께서는 하나님의 뜻을 행하러 오셨다고 말씀하셨습니다(요 4: 34, 14:31). 그것은 예수께서도 하나님의 경륜을 성취하러 오셨음을 말씀하시는 것입니다. 그러므로 하나님의 부르심을 받은 사람이 가장 먼저 깨달아야 할 것은 하나님이 왜 나를 부르셨는가 하는 것입니다. 그래야 자신을 향한 하나님의 뜻을 행하는 사람이 될 수 있을 것입니다.

종교인은 자신의 뜻을 이루게 해 달라고 신에게 부탁하거나 치성을 드리는 사람입니다. 그렇게 살아가는 그리스도인이 있다면 그것은 아직 진정한 그리스도인으로 사는 법을 모르고 종교인으로 살아가는 것이라고 할 수 있습니다. 진정한 그리스도인은 그리스도를 따르는 사람이며, 그는 당연히 하나님의 뜻을 위하여 사는 사람이어야 합니다. 하나님의 뜻을 우리는 하나님의 경륜을 배우고 이해하는 가운데 찾을 수 있습니다.

생각해보기

❀ 진정한 그리스도인과 종교인의 차이는 무엇입니까?

....

....

하나님의 경륜에 대한 지난 설교를 복습함

그래서 저는 지난 2016년 2월 말부터 5주 동안 하나님의 경륜에 대해 설교를 하고 있습니다. 그 핵심 내용을 간략히 정리하면 다음과 같습니다.

> 하나님은 세상을 지으시고 그 세상을 다스리시는 주인이십니다. 그런데 하나님이 세상을 다스리시는 방법은 대리인을 통한 위임통치입

니다. 그렇게 하나님의 대리인으로 세상을 다스리도록 지음 받은 사람이 바로 아담입니다.

아담이 하나님의 대리인으로서 그 소임을 다하지 못하자 그 후손들은 세상에 흩어져 방황하면서 살았습니다. 그래서 하나님께서는 세상 모든 민족에게 복을 주시려는 계획을 다시 진행하셨습니다. 그리고 그 위대한 뜻을 이루시려고 한 민족을 선택하시고 그들에게 이 위대한 일을 위임하셨습니다. 그들이 바로 아브라함의 후손인 이스라엘 민족입니다.

그런데 이스라엘도 하나님께 받은 그 소임, 곧 세상 모든 족속의 빛이 될 제사장의 나라로서의 소임을 다하지 못하고 그들 스스로 세상 가운데 흩어져 종살이하는 처지가 되었습니다. 그래서 하나님께서는 다시금 온 백성에게 미칠 큰 기쁨의 소식을 전할 위대한 대리인을 유대 땅 베들레헴에서 탄생하게 하셨습니다. 그분이 바로 우리 주 예수 그리스도십니다.

예수께서는 하나님의 대리인으로서 모든 사람을 하나님께로 인도하시려고 그들을 결박하고 있는 죄의 사슬을 끊어버리셨고, 참 인간의 삶이 어떤 것인지를 보여주셨습니다. 그것은 십자가의 고통과 희생을 지불해야 하는 일이었지만 예수께서는 끝까지 순종하셨습니다. 그리고 주님을 따르는 이들을 불러모아 자신의 임무를 이어가라고 위임하셨습니다. 그 마지막 대리인을 성경은 교회라고 부릅니다.

하나님은 교회인 우리를 자기의 대리인으로 삼으시면서 늘 함께 하시고 우리 안에서 우리를 통하여 일하실 것을 약속하셨습니다. 하나님은 대리인들을 부르실 때 그들과 항상 함께 하셨습니다. 그리고 그것을 확실히 알 수 있도록 하나님의 영을 보내주셨습니다. 그래서 교회는 이제 옛 이스라엘 백성처럼 새로운 나라와 백성이 되어 하나님의 대리인으로서의 임무를 수행하게 되었습니다.

하나님의 대리인인 교회는 하나님의 각종 지혜를 온 세상에 밝히 나타낼 뿐 아니라 하늘에 있는 통치자들에게도 나타낼 것입니다. 그것은 교회 안에서 성령 하나님이 역사하시고 일하시는 증거이기도 합니다. 특별히 예수님의 제자들은 예수님의 부활과 승천 후 성령강림을 경험하면서 비로소 그 소임을 제대로 수행할 수 있게 되었습니다. 그들은 놀라운 확신으로 온 세상의 주인과 통치자가 예수 그리스도시라고 선포했습니다. 오늘날 우리들이 바로 하나님의 대리인이며, 하나님은 우리를 통하여 일하시려고 우리 안에 성령으로 함께 계십니다.

이상의 내용이 지난 5주 동안 설교한 핵심입니다. 앞으로 5주 동안 이 주제를 더욱 깊이 여러 번 다룰 예정입니다. 그렇게 하나님의 경륜을 배우는 동안에 우리는 하나님의 대리인으로서의 분명한 정체성을 갖게 되고 우리를 통하여 일하시는 성령의 역사를 확실히 믿고 알게 될 것입니다. 그 결과 우리는 이 세상에서 하나님이 어떻게 일하시며 우리는 그 일에 어떻게 동참할 수 있는지를 알게 될 것입니다. 그것이 바로 그리스도인이 명확히 가져야 할 정체성이며, 하나님이 우리를 부르신 목적입니다.

생각해보기

❀ 하나님의 통치 방법은 대리인을 통한 위임통치입니다. 성경에서 하나님의 대리인으로 부름 받은 사람이나 민족들은 어떤 사람들이 있나요?

❀ 하나님은 그 대리인들에게 항상 함께 하신다는 확신을 주시려고 어떻게 하십니까?

창조주 하나님

우리가 믿는 하나님은 창조주이십니다. 그래서 우리가 매주 고백하는 사도신경에서도, "전능하사 천지를 만드신 하나님 아버지를 내가 믿사오며"라고 우리는 고백합니다.

하나님은 천지를 만드신 분이십니다. 그리고 천지(天地)는 하늘과 땅으로서 온 우주만물을 가리키는 말입니다. 온 우주만물의 주인은 하나님이십니다. 그리고 그 하나님은 자신의 작품인 우주만물을 오늘도 운행하시며 주관하고 계십니다. 어떤 경영자가 자신의 회사를 경영하고 늘 점검하며 돌아보는 까닭은 자신이 그 회사의 경영주이기 때문입니다. 그 경영자가 회사를 잘 경영하려고 애쓰는 목적은 그 회사를 아름답게 하고 계획한 바를 성취하기 위함입니다. 마찬가지로 하나님은 온 세상 만물의 주인으로서 그것을 경영하십니다. 그리고 마침내 하나님이 경영하시는 세상을 최고로 아름답게 만드시려는 그 계획을 성취하실 것입니다. 그러므로 하나님은 세상을 만들어 놓고 멀리서 지켜보시기만 하는 분이 아니라 그것을 지금도 경영하십니다. 그래서 우리는 살아계시고 역사하시는 하나님을 믿습니다.

생각해보기

❀ 하나님은 천지를 만드셨을 뿐 아니라 그것을 관리하시고 경영하시는 분입니까?

....

....

성경은 하나님이 세상을 어떻게 만드시고 경영하시는 지를 보여주는 계시의 책입니다. 우리는 성경을 통하여 하나님이 세상을 만드시고 보존하시며 완성하시는 원대한 계획을 찾을 수 있습니다. 그것을 바울 사도는 영원부터 만물을 창조하신 하나님 속에 감취었던 비밀의 경륜이라고 말합니다(엡 3:9).

하나님의 천지 창조

하나님이 천지를 창조하신 이야기는 창세기에 기록되어 있습니다. 우리는 창세기를 읽으면서 하나님이 만물을 어떻게 창조하셨는지 그 독특한 설명을 발견합니다:

> 태초에 하나님이 천지를 창조하시니라 땅이 혼돈하고 공허하며 흑암이 깊음 위에 있고 하나님의 신은 수면에 운행하시니라 (창세기 1:1~2)

하나님이 태초에 천지를 창조하실 때, 땅은 혼돈하고 공허하고 흑암이 깊음 위에 있었습니다. 성경은 하나님이 '아무 것도 없는 무에서 유를 창조하셨다'(*creatio ex nihilo*)는 식으로 설명하지 않습니다. 성경은 하나님의 창조를 설명할 때 '혼돈과 공허, 그리고 흑암 중에서부터 세상이 창조되었다'(creation out of chaos)고 말씀합니다.

오늘날 과학자들의 눈으로 볼 때 세상은 물질이 있기 전에 어떤 에너지가 있었을 것이라고 추정합니다. 그리고 우주의 대폭발이라는 '빅뱅(Big Bang)'으로부터 우주가 탄생했다고 설명합니다. 그렇게 과학적인 입장에서 성경을 공부하고 과학의 눈으로만 성경을 읽으면 성경이 말하려고 하는 바를 제대로 읽을 수 없고 오해하기 십상입니다. 예를 들어, 태권도를 잘 하는 사람이 씨름도 잘 할 것입니다. 그러나 태권도를 잘 해도 씨름선수와 싸우려면 씨름의 기술과 방법을 배워야 합니다. 그렇지 않고 태권도의 기술로 씨름을 하고자 하면 잘 먹히지 않게 됩니다. 그런 이유로 태권도의 일인자라고 해서 반드시 레슬링의 초급자에게 이긴다는 보장을 할 수는 없습니다. 각 운동 종목은 그 종목의 규칙과 특성이 있기 때문에 그에 맞게 기술을 배우고 접근하는 것이 중요합니다.

생각해보기

❀ 성경을 과학적인 관점으로만 읽을 때 생기는 오해는 어떤 것이 있나요?

마찬가지로 성경을 읽을 때, 우리는 성경이 말하는 방식과 표현법, 그리고 정신을 잘 따라가야 합니다. 그렇게 할 때 우리는 성경이 왜 그렇게 기록되었는지를 알게 되며, 그리고 그 속에서 비로소 성경이 말하는 진리가 뚜렷하게 보일 것입니다.

성경은 하나님이 천지를 만드실 때 땅이 '혼돈하고 공허한'(히. *토후와 보후 tohu wa-bohu*, formless and empty) 상태였다고 말씀합니다. 그러므로 하나님의 창조활동은 공허와 혼돈으로부터 새로운 것을 만드시는 일입니다. 공허하고 혼돈하다는 말은 마치 황무지처럼 황량하고 사막처럼 메말라 생명의 기운도 없고 무질서 가운데 있다는 말입니다.

그 가운데서 하나님은 빛을 만드셔서 어둠을 밝히셨으며, 온갖 종류의 나무가 자라고 짐승이 뛰놀 수 있는 육지를 물에서 솟아나게 하셨습니다. 그리고 하늘을 밝힐 해와 달과 별을 만드시고 바다와 육지 그리고 공중에는 생명으로 가득 차게 하셨습니다. 그렇게 할 때마다 공허하고 혼돈하여 흑암이 깊음 위에 있던 세상이 빛과 질서와 생명으로 가득한 곳이 되었습니다. 그 때마다 하나님은 보시고 "좋다! 아름답다!"고 기뻐하셨습니다. 하나님의 창조를 성경은 이렇게 설명합니다. 그리고 마지막에 인간을 창조하신 후에 하나님이 어떻게 기뻐하셨는지 성경은 이렇게 소개합니다:

> 하나님이 그 지으신 모든 것을 보시니 보시기에 심히 좋았더라
>
> (창세기 1:31)

생각해보기

❀ 성경은 하나님의 천지창조를 어떤 방식으로 설명합니까? 그 특징을 적어 보세요.

창조 세계의 위기

공허하고 혼돈된 세상을 하나님은 보기에 심히 좋은 곳으로 만드셨습니다. 그런데 땅에 가시와 엉겅퀴가 나기 시작했습니다. 사람들은 서

로 미워하고 죽이고 보복하기 시작했습니다. 세상에 죄가 가득하였습니다. 그것은 세상의 관리인인 아담이 사탄에게 속아 하나님께 불순종했기 때문입니다. 마침내 하나님의 대리인인 인간이 죄로 가득하게 되어 더 이상 그 소임을 다할 수 없을 만큼 타락하게 되자 하나님은 깊은 물을 끌어올리고 하늘의 창들을 열어 물로 세상을 심판하셨습니다. 그리고 하나님의 생기를 받아 코로 호흡하던 모든 인간은 물 속에서 더 이상 숨쉬지 못하고 멸망하였습니다. 타락한 인간과 함께 온 세상은 다시 물 속에 가라앉고 흑암이 깊음 위에 있던 창조 이전 세상으로 돌아갔습니다.

그런 가운데 하나님은 노아와 그 가족을 남기시고 그들에게 다시 대리인으로서 삶을 살아갈 기회를 주셨습니다. 그래서 물에서 솟아난 신세계에서 노아의 가족은 하나님의 복을 받아 새로운 대리인의 임무를 시작했습니다. 그러나 얼마 후 인간은 하나님을 대적하는 바벨탑을 쌓았습니다. 그리고 심판을 받아 온 세상에 뿔뿔이 흩어지고 말았습니다. 이것은 성경에 나타난 하나님의 경륜 이야기의 제2막입니다.

생각해보기

❀ 하나님은 6일 동안 천지를 창조하시고 제7일에는 쉬셨습니다. 그런데 하나님을 다시 일하시게 한 일이 발생했습니다. 그것은 무엇이며 하나님은 무슨 일을 하십니까?

하나님의 새 창조-이스라엘

세상에 문제가 생겼지만 그 주인이신 하나님은 여전히 세상을 다스리시고 경영하십니다. 하나님은 아브라함을 부르시고 그의 자손들이 해변의 모래같이 하늘의 별과 같이 많아지도록 복을 주셨습니다. 그것은 사시사철 물이 마르지 않는 이집트 나일강에 이스라엘이 살던 시절의 이야기입니다. 그 때 이스라엘 자손은 큰 민족을 이루기는 했지만 이집트 왕의 나라에서 종살이를 하고 있었습니다. 그들은 태어나면서부터 종이 되었으며, 평생을 종으로 살면서 고된 노동을 하다가 삶을 마쳐야 하는 슬픈 나날을 보내고 있었습니다. 이집트 왕은 이스라엘 자손들을 괴롭게 하여 그 수가 더 이상 늘어나지 않게 하려는 것입니다. 그런 압력과 강제노동에도 이스라엘 자손의 수가 점점 늘어가자, 이집트 왕은 마침내 인구 말살정책을 펼칩니다. 그것은 이스라엘 자손의 가정에서 사내아이가 태어나면 나일강에 던져 악어의 밥이 되게 하는 것입니다. 히브리인의 가정마다 출산일이 다가오면 초긴장 속에 살았으며 아들을 잃은 이스라엘 어머니들의 탄식이 가정마다 흘러나오고 있었습니다. 이스라엘 백성들의 처지는 말 그대로 공허하고 혼돈하며 흑암이 깊음 위에 있다고 할 수 있을 것입니다.

여기서 하나님은 이스라엘 자손을 건져내십니다. 이집트의 왕을 벌하시고 그 백성을 종살이 하는 데서 이끌어내시고 자유를 주십니다. 그리고 마침내 홍해를 건넌 이스라엘 자손은 하나님의 산에 도착했으며 거기서 하나님과 언약을 맺습니다. "나는 너희 하나님이 되고 너희는 나의 백성이 되리라!" 하나님은 이렇게 그 백성이 위기에 빠질 때마다 그들을 건져내시고 다시 일으키셨습니다.

훗날 이사야 선지자는 그 백성을 향한 하나님의 구원 활동을 다음과 같이 상기시켜 주었습니다:

> 야곱아 너를 창조하신 여호와께서 이제 말씀하시느니라 이스라엘아 너를 조성하신 자가 이제 말씀하시느니라 너는 두려워 말라 내가 너를 구속하였고 내가 너를 지명하여 불렀나니 너는 내 것이라 네가 물 가운데로 지날 때에 내가 함께할 것이라 강을 건널 때에 물이 너를 침몰치 못할 것이며 네가 불 가운데로 행할 때에 타지도 아니할 것이요 불꽃이 너를 사르지도 못하리니 대저 나는 여호와 네 하나님이요 이스라엘의 거룩한 자요 네 구원자임이라 내가 애굽을 너의 속량물로, 구스와 스바를 너의 대신으로 주었노라 (이사야 43:1~3)

하나님은 이스라엘을 창조하셨습니다. 그것은 애굽에서 건져내신 일을 말합니다. 하나님이 이스라엘을 구원하신 일을 볼 때 우리는 하나님의 또 하나의 창조활동이라고 말할 수 있습니다. 처음의 창조는 천지를 창조하심이요, 그 백성을 구원하셔서 친백성이 되게 하신 일은 새로운 창조 또는 새 창조라고 부를 수 있습니다. 그것은 하나님이 그 백성을 위해 하시는 '새 일'입니다. 그것은 그 백성이 공허하고 혼돈 가운데 있을 때 거기에서 건져내는 일이며, 흑암에 앉은 그들을 세상의 빛으로 부르시는 일입니다. 그러므로 이것을 우리는 하나님의 창조 사역이라고 말할 수 있습니다. 하나님은 늘 그렇게 일하십니다.

생각해보기

❋ 이스라엘을 구원하신 하나님의 행동을 새 창조라고 부를 수 있는 이유는 무엇입니까?

하나님의 새 창조-교회

오늘의 세상을 봅시다. 하나님이 만드신 세상은 오늘 보기에 심히 아름답습니까? 아니면 공허하고 혼돈합니까? 사람들이 하나님을 찾으며 주님께 경배와 찬양을 드리며 하나님의 대리인으로서 살아가는 것을 기쁨으로 여깁니까? 아니면 하나님을 알되 하나님께 감사하지도 않으며 더러운 욕심에 빠져 사람의 생명을 빼앗고 있습니까? 우리가 사는 세상은 전체적으로 볼 때도 개인의 내적 삶을 볼 때도 공허하고 혼돈하며 흑암이 깊음 위에 있다고 할 수 있습니다.

그래서 하나님이 그 아들을 세상에 보내셨습니다. 우리를 죄로부터 구원하시고 저주 가운데서 건져내시려고 예수님이 오셨습니다. 그리고 우리의 죄와 저주를 짊어지시고 십자가 고난을 당하셨습니다. 사망을 이기시고 부활하심으로 사탄의 권세를 짓밟으시고 뭇사람의 구경거리로 삼으셨습니다(골 2:15). 그래서 누구든지 예수님을 믿으면 죄의 사슬이 끊어집니다. 저주 아래 있지 않습니다. 그리고 하나님의 백성이 되며 하나님의 사랑 받는 자녀가 됩니다. 그것은 마치 공허하고 혼돈하던 삶이 변하여 생명과 기쁨으로 가득 찬 삶으로 바뀐 것입니다. 그에게 새로운 세계가 열리며 새 시대가 시작됩니다.

그것을 사도 바울은 고린도교회에게 다음과 같은 감격 어린 선언으로 알려줍니다:

> 그런즉 누구든지 그리스도 안에 있으면
> 새로운 피조물(a new creation)이라
> 이전 것은 지나갔으니 보라 새것이 되었도다
> (고린도후서 5:17)

그뿐 아니라 우리는 그리스도 안에서 다시 지으심을 받았다고 알려줍니다. 새로운 피조물이란 새롭게 지음 받은 자, 다시 지음 받은 자, 새로 창조된 자라는 말입니다:

> 우리는 그의 만드신 바(헬. *포이에마 poiema*, workmanship)라
> 그리스도 예수 안에서 선한 일을 위하여 지으심을 받은 자니
> 이 일은 하나님이 전에 예비하사
> 우리로 그 가운데서 행하게 하려 하심이니라
> (에베소서 2:10)

그리스도인은 누구입니까? 하나님이 그리스도 안에서 새롭게 만드신 사람들입니다. 그러므로 그리스도인은 새로운 피조물입니다. 하나님이 그를 새롭게 만드신 이유는 전부터 준비하신 선한 일(good works)을 하게 하시기 위함입니다. 그것을 우리는 대리인의 일이라고 말할 수 있습니다. 그것이 바로 아담을 지으신 목적이요, 이스라엘 백성을 만드신 이유며, 그리고 예수님의 피로 우리를 새롭게 지으신 이유입니다.

생각해보기

❀ 예수님의 사역도 새 창조로 설명할 수 있습니다. 예수님은 무엇을 어떻게 창조하셨나요?

그런 까닭에 예수께서는 제자들을 향하여 말씀하셨습니다: "너희는 세상의 빛이다!"(마 5:14). 예수님의 제자 베드로는 우리들에게 말합니다: "너희는 이제 새 이스라엘 백성이요 택함 받은 나라다. 그렇게 하나님이 너희를 어두운 데서 불러내어 그의 기이한 빛에 들어오게 하신 목적은, 너희로 하여금 하나님의 영광의 빛을 세상에 비추라는 것이다"(벧전 2:9). 우리는 세상의 빛이 되라고 다시 지으심을 받았습니다. 우리는 새롭게 지으심을 받은 자들입니다. 우리는 새로운 피조물이며, 새로 창조된 사람들입니다.

그래서 바울은 그리스도인들의 삶에 대하여 이렇게 격려합니다:

> 하나님의 형상을 따라 참 의로움과 참 거룩함으로 지으심을 받은 새 사람을 입으십시오 (에베소서 4:24, 새 번역)

군인이 되어 훈련을 마치고 나면 멋진 군복을 입고 복무합니다. 의사의 수련을 마치면 의사의 가운을 입고 진료를 봅니다. 그리스도인도 예수 그리스도를 만나 죄 사함을 받고 하나님의 형상을 따라 다시 지으심을 받으면 새 사람의 옷을 입습니다. 새롭게 된 피조물입니다. 그렇게 살아가는 그리스도인들을 통하여 세상은 점점 하나님이 만드신 본래의 모습을 회복하기 시작합니다. 그리스도인들은 오늘날 하나님의 대리인입니다.

예수께서는 주의 이름을 부르는 자를 이렇게 새로운 피조물로 살게 하시려고 주의 성령을 부어주십니다. 그래서 그는 이제 성령으로 거듭난 새 피조물, 다시 태어난 하나님의 백성이 됩니다. 그리스도인이 이렇게 예수 안에서 자신의 신분을 아는 것은 얼마나 중요한지 모릅니다. 그리고 하나님이 늘 자신과 함께 하신다는 것을 알고 믿고 행동하면 그를 통하여 하나님께서 일하심을 볼 것입니다. 세상은 이런 확신과 용기를 가진 하나님의 아들들이 나타나기를 고대하고 있습니다.

> 모든 피조물은 하느님의 자녀가 나타나기를 간절히 기다리고 있습니다
> (로마서 8:19, 공동번역)

생각해보기

❀ 나는 그리스도 안에서 새로운 피조물이라는 확신이 있습니까?
이것은 나의 정체성 또는 나의 인생 목표와 어떤 관련이 있습니까?

새 하늘과 새 땅

하나님이 세상을 만드시고 그것을 다시 회복시키시는 것을 우리는 새 창조라고 말할 수 있습니다. 하나님은 그 백성에게 약속하시기를 이렇게 하나님이 하시는 일의 결과로 그들은 새 하늘과 새 땅을 볼 것이라고 하십니다.

새 하늘과 새 땅은 하나님의 백성이 살던 공허하고 혼돈한 세상이 변하여 하나님과 더불어 살아가는 기쁨 충만한 세상입니다. 이는 우리의 미래에 새로운 세상을 주시겠다는 하나님의 약속입니다(사 65:17~18).

그 날에는 신랑과 신부처럼 우리와 주님 사이가 친밀하고, 아버지와 아들처럼 우리와 주님 사이가 신뢰와 긍지로 가득 찰 것입니다. 이것이 요한계시록 21장에서 말하는 새 하늘과 새 땅입니다. 하나님께서는 새 창조의 사역을 마침내 완성하시고 그 백성에게 영원히 즐거운 삶, 영생을 누리게 하실 것입니다.

생각해보기

❀ 성경에서 새 하늘과 새 땅에 대한 이야기가 나오는 본문은 어디입니까?
구약과 신약에서 각각 찾아보세요.

그러나 우리나라에서 일어난 신천지(新天地)라는 이단은 성경을 왜곡하여 새 하늘은 새로운 장막이며 새 땅은 그 장막에서 사는 백성이라고 주장하면서 자신들 곧 신천지에 속한 무리들이 새 하늘과 새 땅에 들어가 사는 이들이라고 사람들을 홀리고 있습니다. 이단 신천지의 주장은 기존 기독교회가 타락하여 옛날 이스라엘과 같이 버림을 받고 이제 새로운 신천지 백성들인 자신들이 하나님의 새 백성이라는 것입니다. 그 주장을 펼치기 위해 그들은 성경의 곳곳에서 가져온 말씀들을 왜곡하여 이설(異說)을 주장합니다.

우리가 신천지와 같은 이단을 극복하기 위해서는 성경 전체를 통하여 흐르는 하나님의 경륜을 이해할 필요가 있습니다. 하나님은 창조주시며 그 피조세계를 늘 새롭게 만들어가십니다. 하나님의 그런 행동은 노아의 방주로 나타나기도 하고, 이스라엘을 애굽에서 건져내어 거룩한 백성으로 삼으시는 행동으로 나타나기도 합니다. 그리고 하나님의 새 창조 사역은 예수 그리스도의 사역을 통해 가장 극적으로 나타나는데 그것은 예수님의 십자가를 통해서 새로운 거룩한 백성을 만드셨기 때문입니다. 그래서 교회인 우리를 사도 바울은 새로운 피조물이라고 했습니다. 그리고 마침내 우리 주께서는 이 피조세계를 모두 새롭게 만드실 것입니다. 새 하늘과 새 땅은 하나님께서 우리에게 주시는 완성된 하나님 나라입니다. 그것은 만물을 새롭게 하시는 하나님의 새 창조 사역의 완성을 말합니다.

생각해보기

❀ 신천지에서 말하는 새 하늘과 새 땅은 무엇을 말합니까?

❀ 신천지와 같은 이단을 극복하려면 어떻게 해야 합니까?

요한계시록 21장에서 요한은 하늘에서 들려오는 큰 음성을 들었습니다. 그것은 하나님이 새 창조를 완성하신다는 선언이었습니다.

> 내가 들으니 보좌에서 큰 음성이 나서 가로되 보라 하나님의 장막이 사람들과 함께 있으매 하나님이 저희와 함께 거하시리니 저희는 하나님의 백성이 되고 하나님은 친히 저희와 함께 계셔서 모든 눈물을 그 눈에서 씻기시매 다시 사망이 없고 애통하는 것이나 곡하는 것이나

아픈 것이 다시 있지 아니하리니 처음 것들이 다 지나갔음이러라 보좌에 앉으신 이가 가라사대 보라 내가 만물을 새롭게 하노라 하시고 (요한계시록 21:3~5)

생각해보기

❀ 요한계시록에 나오는 새 하늘과 새 땅은 하나님이 완성하실 세상을 말합니다. 그 세상의 특징은 무엇인가요?

■ 요약 ■

하나님의 경륜 (6) 새 창조

하나님은 세상을 지으시고 그것을 경영하십니다. 그런 하나님의 경영을 성경은 새 창조라는 용어로 설명합니다. 하나님이 이스라엘 자손을 애굽에서 건져내시고 그의 백성으로 삼으실 때도 "내가 너를 조성하고 만들었다"고 말씀하셨습니다. 예수 그리스도께서 우리의 죄를 씻으시고 거룩한 백성으로 삼으실 때도, 우리를 새롭게 만드셨다고 하시고 그렇게 된 우리를 새로운 피조물이라고 하셨습니다. 하나님은 이렇게 새 창조 사역을 끊임없이 하고 계십니다. 그래서 예수께서는 이렇게 말씀하셨습니다: "내 아버지께서 이제까지 일하시니 나도 일한다"(요 5:17).

하나님은 지금도 일하고 계십니다. 이 피조 세계를 새롭게 할 주님의 아들들을 지금도 부르시고 그들에게 성령을 부으심으로 함께 하셔서 하나님의 일에 동참하게 하십니다. 그들을 우리는 하나님의 대리인이라고 하며 오늘날 하나님의 대리인은 교회입니다. 그리고 교회는 하나님의 일에 동참하여 동역하다가 주님이 다시 오시는 날, 하나님의 새 창조 사역이 완성될 것을 볼 것입니다. 그리고 우리는 그의 약속대로 의에 거하는 바 새 하늘과 새 땅을 바라봅니다(벧후 3:13). 이것이 지금도 계속되는 하나님의 경륜입니다. 그리고 마침내 완성될 하나님의 경륜입니다. 그것을 알고 믿는 자는 하나님의 일군이며, 청지기이고, 그들을 통하여 하나님은 지금도 일하십니다. 우리 모두 하나님이 하시는 일에 동참합시다! 할렐루야!

생각해보기

❀ 하나님이 세계를 경영하는 방식을 새 창조라는 관점에서 어떻게 설명할 수 있나요?

❀ 내 아버지께서 이제까지 일하시니 나도 일한다고 예수께서 말씀하셨습니다. 하나님은 지금 무슨 일을 하고 계십니까?

하나님의 새 창조

하나님은 세상을 창조하시고
계속 새롭게 하신다.
그리고 마침내 창조를 완성하신다.

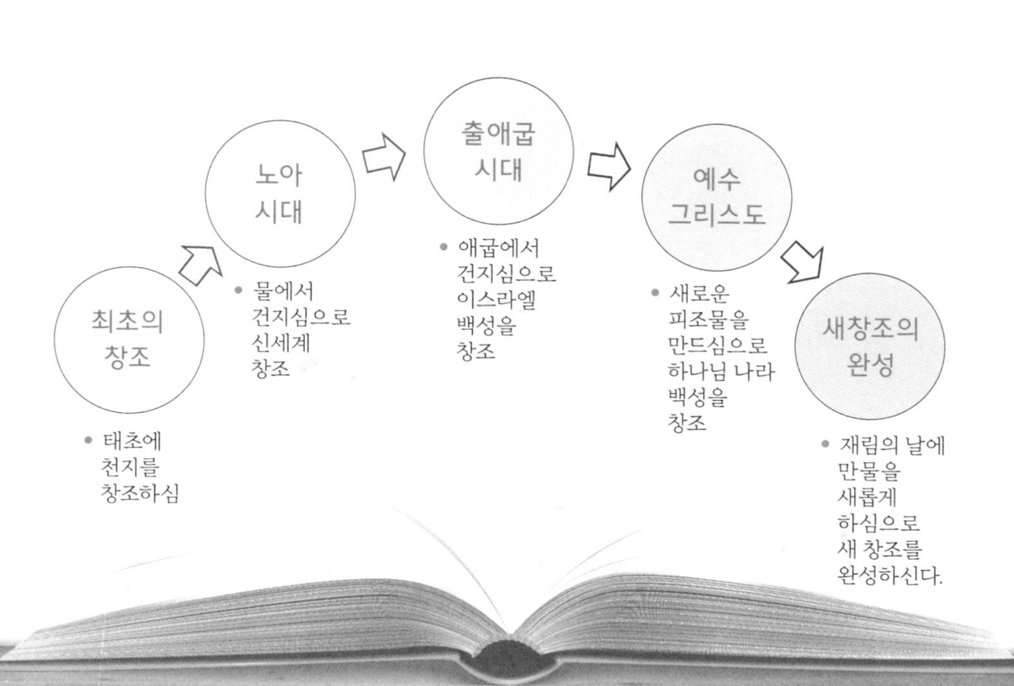

그리스도의 은혜로 너희를 부르신 이를

이같이 속히 떠나 다른 복음을 따르는 것을

내가 이상하게 여기노라

에베소서 1:6

07

은혜와 율법

에베소서 1:6

하나님의 경륜 시리즈

07

은혜와 율법

에베소서 1:6

은혜의 영광을 찬송하게 하려 함이라

은혜의 경륜

성경은 하나님의 경륜을 기록하여 보여주는 책입니다. 그것은 창세로부터 감추었던 것이므로 비밀의 경륜(엡 3:9)이라고도 합니다. 바울은 그것을 다시 은혜의 경륜이라고 말합니다(엡 3:2). 은혜의 경륜이라는 말은 하나님이 세상을 다스리시는 방법이 은혜라는 뜻입니다. 은혜로 다스리시는 하나님의 통치 방법을 은혜의 경륜이라고 말할 수 있습니다. 하나님은 세상을 은혜로 다스리십니다.

그래서 성경은 하나님의 은혜를 노래합니다. 시편에서 우리는 하나님의 천지창조와 그 피조세계를 보면서 하나님의 은혜를 발견한 다윗의 마음을 읽을 수 있습니다:

여호와 우리 주여 주의 이름이 온 땅에 어찌 그리 아름다운지요!

주의 영광이 하늘을 덮었나이다

주의 대적으로 말미암아
어린 아이들과 젖먹이들의 입으로 권능을 세우심이여
이는 원수들과 보복자들을 잠잠하게 하려 하심이니이다
주의 손가락으로 만드신 주의 하늘과
주께서 베풀어 두신 달과 별들을 내가 보오니
사람이 무엇이기에 주께서 그를 생각하시며
인자가 무엇이기에 주께서 그를 돌보시나이까?
그를 하나님보다 조금 못하게 하시고 영화와 존귀로 관을 씌우셨나이다
주의 손으로 만드신 것을 다스리게 하시고 만물을 그의 발 아래 두셨으니
곧 모든 소와 양과 들짐승이며
공중의 새와 바다의 물고기와 바닷길에 다니는 것이니이다
여호와 우리 주여 주의 이름이 온 땅에 어찌 그리 아름다운지요!
(시편 8:1~9)

신앙의 눈으로 볼 때 피조세계는 하나님의 솜씨로서 우리에게 주신 선물입니다. 하나님의 선물을 신학적 용어로 표현하자면 하나님의 은혜라고 할 수 있습니다. 그러므로 온 피조세계는 하나님의 은혜로 가득하며, 자연 속에서 그것을 깨달은 사람들은 하나님이 얼마나 우리 인간을 생각하시고 돌아보시는지 그 크신 하나님의 은혜에 감사합니다. 그래서 신앙인들은 이렇게 노래합니다:

주 하나님, 지으신 모든 세계, 내 마음 속에 그리어볼 때,
하늘의 별 울려 퍼지는 뇌성 주님의 권능 우주에 찼네.
주님의 높고 위대하심을 내 영혼이 찬양하네.
주님의 높고 위대하심을 내 영혼이 찬양하네.
(새 찬송가 78장)

생각해보기

❀ 하나님이 만드신 세계를 바라볼 때, 나는 신앙의 눈으로 세상을 바라봅니까? 아니면 과학의 눈으로 세상을 바라봅니까? 아니면 이 세상은 왜 존재하는지 모르지만 그냥 있으니까 살아간다는 불가지론자(不可知論者)나 무신론자의 눈으로 세상을 바라봅니까?

하나님의 은혜는 노아에게도 임합니다. 온 세상이 죄로 가득하게 되었을 때, 더 이상 하나님의 대리인으로서 그 소임을 다할 수 없고 그 생각이 태어날 때부터 부패하게 되자, 하나님께서는 세상을 심판하셨습니다. 그래서 홍수를 보내셨습니다. 그 결과 물에 잠긴 모든 숨쉬는 동물들은 멸망하였습니다. 그러나 한 사람은 하나님께 은혜를 입었습니다. 그가 바로 노아입니다. 노아는 하나님께 은혜를 입었습니다(창 6:8). 그리고 물로 멸망할 세계에서 구원을 받고 방주를 예비합니다. 노아를 부르신 하나님은 노아를 통하여 새로운 세상을 열어가기를 원하셨습니다. 그리고 그 언약의 표시로 무지개를 준비하여 보여주셨습니다.

생각해보기

❀ 하나님은 노아에게 어떤 은혜를 베푸셨습니까?

하나님의 은혜는 아브라함에게도 임합니다. 하나님은 큰 민족을 만드시기 위해 한 부부를 부르셨습니다. 그 부부를 통하여 하나님은 큰 민족을 이루게 하시고 그들을 통해서 천하만민에게 복을 주실 계획이었습니다. 그런데 그 부부는 나이가 늙도록 아이를 낳지 못했습니다. 그들은 아브라함과 사라 부부입니다. 본래 자녀를 많이 낳을 수 있는 다산부부를 부르셨다면 자손이 번성하는 것은 당연한 일이었겠지만, 아브라함과 사라는 자녀를 낳을 수 없는 불임부부였습니다. 그래서 그들은 자신들의 많은 재산을 집에서 일하던 종에게 물려주어야겠다고 생각하기도 했습니다(창 15:2).

하지만 하나님은 그 외로운 부부에게 큰 민족을 주시고 그들을 통해 많은 왕들이 일어나게 하셨습니다. 이것이 바로 하나님의 은혜입니다. 아브라함은 하나님의 말씀을 믿었습니다. 비록 자신은 현재 아이가 없지만 하늘에 별과 같은 자손을 주시리라는 하나님의 말씀을 믿었습니다. 그렇게 하나님의 말씀에 대해 긍정적인 반응을 하는 것을 우리는 믿음이라고 부릅니다. 그런 아브라함을 가리켜 우리는 믿음의 조상이라고 부릅니다. 결국 믿음은 은혜를 베푸시는 하나님을 믿는 것입니다. 하나님이 아브라함을 부르신 것은 그에게 은혜를 베푸시기 위함이었습니다.

생각해보기

❀ 하나님은 아브라함에게 어떤 은혜를 베푸셨습니까?

하나님의 은혜가 가장 충만한 분은 우리 주 예수 그리스도십니다. 요한은 이 사실을 그의 복음서 첫머리에 다음과 같이 기록합니다:

> 말씀이 육신이 되어 우리 가운데 거하시매 우리가 그 영광을 보니 아버지의 독생자의 영광이요 은혜와 진리가 충만하더라 (요한복음 1:14)

예수님은 하나님의 은혜로 충만하셨습니다. 그에게 오는 사람을 거절하지 않으셨습니다. 예수님은 가는 곳마다 만나는 이들에게 은혜를 베푸셨으며 그들을 긍휼히 여기셨습니다. 나병환자를 만져주시고 죄인도 용서해 주셨습니다. 심지어 자신을 십자가에 못박은 사람들을 위해 기도해주셨습니다. 그들에게 죄를 돌리지 말아 달라고 하나님께 기도하셨습니다.

목사는 예배의 축도에서 교우들에게 늘 함께 하기를 기원하는 기도를 드릴 때, "우리 주 예수 그리스도의 은혜와 하나님의 사랑과 성령의 교통하심이 너희에게 있을지어다!"(고후 13:13)라고 합니다. 목사의 축복 기도에서 가장 먼저 나오는 말은 우리 주 예수 그리스도의 은혜입니다. 예수님의 비유들은 하나님이 우리에게 은혜를 베푸신다는 이야기입니다. 그 중에 집을 나간 둘째 아들에게 은혜를 베푸는 아버지의 이야기가 가장 대표적입니다(눅 15장).

생각해보기

❀ 예수님이 은혜로 충만하셨음을 우리는 어떻게 알 수 있나요?

....

....

위와 같이 하나님이 하시는 일은 은혜를 나타내 보이시는 것이며 은혜를 베푸시는 일입니다. 그러므로 복음 전도는 은혜를 전하는 일입니다. 그런 까닭에 사도 바울은 자신의 일생사명이 바로 하나님의 은혜의 복음을 전하는 일이라고 하였습니다(행 20:24). 이뿐 아니라 사도 바울은 하나님의 경륜을 전하는 에베소서 1장에서 다음과 같이 소개합니다:

> 찬송하리로다 하나님 곧 우리 주 예수 그리스도의 아버지께서 그리스도 안에서 하늘에 속한 모든 신령한 복을 우리에게 주시되, 곧 창세 전에 그리스도 안에서 우리를 택하사 우리로 사랑 안에서 그 앞에 거룩하고 흠이 없게 하시려고, 그 기쁘신 뜻대로 우리를 예정하사 예수 그리스도로 말미암아 자기의 아들들이 되게 하셨으니 이는 그가 사랑하시는 자 안에서 우리에게 거저 주시는 바 그의 은혜의 영광을 찬송하게 하려는 것이라 (에베소서 1:3~6)

하나님이 우리를 택하시고 거룩하게 하시고 자기의 아들들이 되게 하심도 그의 은혜의 영광을 찬송하게 하려는 것입니다. 그러므로 하나님의 부르심을 받고 예수 그리스도의 사랑을 알게 된 사람들은 하나님의 은혜가 얼마나 놀라운지를 찬송합니다. 그것을 달리 말하면 하나님의 은혜의 경륜을 찬양하는 것입니다. 하나님은 세상을 다스리실 때 은혜를 보여주십니다.

생각해보기

❀ 하나님이 세상을 경영하시는 것을 하나님의 경륜이라고 합니다. 그리고 그것은 다시 은혜의 경륜입니다(엡 3:2). 왜 그렇게 부를 수 있습니까?

그러나 그 은혜가 세상에 나타날 때 사람들은 어떤 반응을 보였을까요?

하나님의 은혜에 대한 반응

1. 율법주의자

하나님의 은혜가 사람의 몸을 입고 이 세상에 나타났을 때 사람들의 반응은 동일하지 않았습니다. 어떤 사람들은 예수님의 옷자락이라도 만지려고 다가갔으며 장애물을 극복하면서 그에게서 나오는 은혜의 부스러기라도 맛보기를 원했습니다. 그러나 어떤 사람들은 예수님을 위험한 인물로 생각했습니다. 그들이 보기에 예수는 율법을 폐하는 사람이었습니다. 그들이 생각하는 방식으로 안식일을 지키지 않으며, 그들이 생각하는 방식과 다르게 씻지 않은 손으로 식사를 했습니다. 자신들이 그 동안 하나님을 위해 얼마나 애를 썼는지 예수는 알아주지 않은 것 같아 보였습니다. 그들은 그 동안 일주일에 두 번씩 금식을 하고 소득의 십일조를 얼마나 꼬박꼬박 냈는지 생각해 볼 때, 예수님이 자신들을 인정해주지 않는 것은 정말이지 야속하게 생각되었습니다. 그리고 그들은 다른 사람의 것을 탐내지도 않고 나쁜 짓도 않고 도덕적으로 문란한 자들과 어울리지도 않았으며 더구나 로마의 앞잡이인 세리들과 어울리는 것을 수치로 알고 그들을 멀리했습니다. 그것이 옳은 일이며 하나님 앞에 경건한 일인 줄 확신하고 있었습니다(눅 18:9~14).

그러나 예수님은 세리들과 더불어 식사를 할 정도로 가깝게 지내셨습니다. 종교적으로 드러내놓고 자랑하는 일은 외식(外飾)하는 것이라고 지적하셨습니다. 왠지 예수님 곁에 가면 자신들이 하는 일에서 허세가 드러나는 것 같아 보였습니다. 그래서 유대인들은 예수님이 마음에 들지 않았습니다. 예수님이 기적을 베풀어도 그것은 하나님의 능력으로 하는 것이 아니라 귀신의 힘을 빌어서 행하는 것이라고 비꼬아 말했습니다. 그들은 예수님을 곤경에 빠뜨리고 싶었지만 예수님을 따르는 사람들이 더욱 많아지자 마침내 예수님을 붙잡아 십자가에 못박아버리고 말았습니다. 그것이 은혜로 다가온 예수님에 대한 율법주의자들의 반응입니다.

생각해보기

❀ 하나님의 은혜에 대하여 율법주의자가 위와 같은 반응을 하는 이유는 무엇일까요?

2. 부자 청년

어떤 부자 청년이 예수님에게 다가왔습니다. 그는 하나님의 은혜에 이끌렸습니다. 그리고 예수님을 따르기를 원했습니다. 그때 예수께서는 그가 천국에 들어갈 준비가 되지 않았음을 알아보셨습니다. 그는 부자라 천국에 들어가기 어려운 마음을 가지고 살고 있었습니다. 그 부자는 하나님의 통치를 받지 않고 자기 마음대로 살았으며, 하나님께 모든 것을 맡기지도 않으며, 하나님이 일하실 것을 기쁜 마음으로 기대하는 삶을 살 수도 없는 사람인 것을 예수님이 아셨습니다. 하나님께 드린 것이 없어도 찾아와 주시고 용서해 주시고 맞아주시는 하나님의 은혜를 받을 손이 그에게는 없었습니다. 왜냐하면 그는 부자라 늘 이런 생각을 하면서 살았을 것이니까요:

'나는 대접을 받을만한 사람이야. 내가 이정도 헌신할 수 있는 재력이 있으니까. 나는 특별대우가 어울리는 사람이야. 나에게는 VIP가 어울

려. 다른 사람과 같은 자리에서 같은 옷을 입고 있을 수는 없어. 나만 특별하니까.'

이런 마음을 가지고서는 하나님 나라의 즐거움을 맛볼 수 없습니다. 사도 바울은 하나님 나라의 성격에 대해서 이렇게 말했습니다:

> 하나님의 나라는 먹는 것과 마시는 것이 아니요 오직 성령 안에 있는 의와 평강과 희락이라 (로마서 14:17)

이것을 새번역 성경은 이렇게 옮깁니다:

> 하나님의 나라는 먹는 일과 마시는 일이 아니라, 성령 안에서 누리는 의와 평화와 기쁨입니다.

요새 대기업 회장들의 갑질횡포가 언론에 소개되고 있습니다. 부자들이 범하기 쉬운 잘못입니다. 그는 부자라서 먹고 마시는 일은 풍족히 할 수 있겠지만, 성령 안에서 누리는 의와 평화와 기쁨은 결코 누릴 수 없습니다. 부자가 천국에 들어가기가 어찌나 어려운지 낙타가 바늘귀로 통과하는 것이 차라리 더 쉽겠다고 주께서 말씀하십니다(막 10:25).

예수께서는 그 부자 청년에게 이렇게 말씀하셨습니다:

> 예수께서 이 말을 들으시고 이르시되 네게 아직도 한 가지 부족한 것이 있으니 네게 있는 것을 다 팔아 가난한 자들에게 나눠 주라 그리하

면 하늘에서 네게 보화가 있으리라 그리고 와서 나를 따르라 하시니 (누가복음 18:22)

그 청년에게 가진 재산을 다 팔아 가난한 자들에게 나눠주고 그 후에 예수님을 따르라고 말씀하셨습니다. 그 청년이 어떻게 했겠습니까? 자기의 것을 포기하고 주님을 따랐을까요? 성경은 이렇게 그 청년의 반응을 소개합니다:

그 사람은 재물이 많은 고로 이 말씀으로 인하여 슬픈 기색을 띠고 근심하며 가니라 (마태복음 10:22)

'예수님의 말씀은 내게 어울리지 않아. 나는 내 방식의 삶을 계속 살 거야.' 이것이 부자 청년이 은혜를 만났을 때의 반응입니다.

생각해보기

❀ 하나님의 은혜에 대하여 부자 청년과 같은 사람이 그런 반응을 하는 이유는 무엇일까요?

한국식 율법주의 신앙에 대한 반성

한국 사회에서 개신교는 가장 편협하고 무례하고 상식이 통하지 않는 단체로 비쳐지고 있습니다. 물론 그런 이유로 한국 사회의 종교선호도에서도 천주교 불교에 이어 3위로서 가장 인기 없는 종교가 되었습니다. 기독교윤리실천운동(기윤실)이 조사한 2014년 자료에 의하면 개신교(41%)는 천주교(32%)나 불교(6.8%)보다도 사회봉사를 가장 많이 하는 것으로 조사되었음에도, 비그리스도인들에 대한 설문조사에서는 천주교(47%), 불교(38%)에 한참 못 미치는 초라한 수치(12.5%)의 선호도를 보이고 있습니다.

이미 한국 사회에서는 공공장소에서 '예수천당 불신지옥'을 외치는 공격적인 전도방식은 혐오감을 주는 것으로 인식되고 있습니다. 전도는 예수 그리스도의 향기가 전달되게 하는 것이 중요합니다. 그러므로 하나님이 일하시는 방식이 바로 은혜라는 점을 이해하는 것이 필요한 때가 되었습니다. 하나님의 은혜의 경륜을 알고 복음이 바로 은혜의 복음임을 안다면 지옥에 가지 않으려면 예수를 믿어야 한다는 식으로 사람을 협박하여 그리스도인이 되게 하려는 방식은 지양되어야 합니다. 두려움으로 위협하여 사람의 사랑을 얻을 수는 없습니다. 사람의 사랑을 얻으려면 오직 하나 그 사람을 순수한 마음으로 사랑하는 것뿐입니다. 예수께서 하신 일도 그것이며, 하나님도 그렇게 자기의 은혜를 보여주셨습니다.

생각해보기

❀ 한국 사회에서 개신교회가 사회에 호감을 주지 못하고 있는 이유가 무엇이라고 생각합니까?

....

....

그러므로 우리 그리스도인들에게는 약자에 대한 배려의 마음이 필요합니다. 교리적 완고함에 매이지 말고 성경에서 예수님이 어떻게 하셨는지를 주목해 보아야 합니다. 예를 들어, 간음죄는 악한 것이며 비난받아 마땅합니다. 그러나 요한복음 8장에서 예수님의 행동을 봅시다. 현장에서 간음하다 잡혀온 여인에게 주님이 어떻게 행동하셨습니까? 모든 사람들이 손에 돌을 들고 그 여인을 율법대로 쳐죽이려고 기세 등등하지 않았습니까?

이런 일이 오늘날 한국 사회에도 있습니다. 그것은 성소수자(동성애)법 또는 차별금지법에 대한 개신교인들의 태도에도 드러납니다. 한국의 많은 개신교인들은 몇몇 국회의원들이 발의한 차별금지법에 대해 극렬한 반대를 하고 있습니다. 서울시청 앞에서 열리는 성소수자들의 축제를 막는 일을 사명으로 여기는 분들도 있습니다. 그들의 눈에는 차별금지법 제정에 찬성하는 박원순 서울시장과 반기문 유엔사무총장이 사탄의 추종자로 보이는 것 같습니다(이 설교는 2016년 4월 10일에 작성됨).

오바마 대통령이 작년 2015년 6월 26일에 미국 전역에서 동성결혼 합법화를 선언하고 "평등을 향한 우리의 여정에서 큰 발걸음을 내디뎠다"라고 트위터에 글을 올렸습니다. 이날 미국의 샌프란시스코에서 반기문 유엔사무총장은 유엔헌장 채택 70주년 기념식에서 미국 대법원이 내린 동성결혼(同性結婚)의 합법 판결을 적극 환영한다고 발언했습니다. 우리나라에서 동성애를 극렬히 반대하는 일부 개신교인들 중에는 리퍼트 주한미국 대사가 작년 3월에 세종문화회관의 행사에서 괴한의 습격을 받고 얼굴에 상처를 입었을 때 그의 치유를 위해 공연을 하기도 했습니다. 그러나 작년 6월 28일 서울시청 앞 광장에서 열린 동성애자들의 축제에 리퍼트 대사는 손에 붕대를 감고 참석해서 조직위원회에 지지와 응원의 뜻을 밝혔습니다. 한국 교회의 지도자들은 현재 동성애자들의 결혼을 합법화한 오바마 대통령을 비난하면서 아프리카의 장기독재자가 동성애자 결혼금지법을 제정했다고 하여 찬양하고 있습니다. 작년 말 한국은 유엔으로부터 포괄적 차별금지법을 제정할 것을 권고 받았습니다. 우리가 속한 개신교회는 이제 이런 문제에 대해서 우리 자신의 생각을 진지하게 점검해 보아야 하겠습니다.

생각해보기

❀ 동성결혼 합법화를 지난 2015년 미국의 대법원에서 가결판결했고 오바마 대통령과 유엔사무총장이 환영의 뜻을 보냈습니다. 그들은 왜 그런 판결을 하고 환영을 했을 것이라고 생각합니까?

우리들은 다른 사람들의 의견에 왜 귀를 기울이지 않습니까? 이번 주에 봄나들이를 다녀오면서 어떤 남자분이 저에게 이렇게 말씀하십니다: "한국의 개신교는 제사문제를 다시 생각해야 합니다. 제사를 무조건 금할 것이 아니라 가족들이 함께 모이는 자리로 소중하게 생각해야 합니다. 그렇지 않으면 가족이 해체됩니다." 우리 선배 신앙인들이 왜 제사문제에 대하여 엄격한 입장을 취했는지 우리는 이해합니다. 그리고 동성애자들에 대한 우려의 목소리를 높이는 어떤 그리스도인들의 마음도 이해합니다.

그러나 사도 바울이 옥중에서 편지에 쓴 권면을 생각해 봅시다: "주 안에서 항상 기뻐하라. 내가 다시 말하노니 기뻐하라. 너희 관용을 모든 사람에게 알게 하라. 주께서 가까우시니라"(빌 4:4~5). 또한 예수께서 세리와 죄인들 곧 창녀들에게 가까이 가셔서 더러워지셨습니까? 바리새인들은 그들을 만나면 자신들이 더러워질 것이라고 생각하여 피하고 멀리했습니다. 그러나 어느 편이 더 능력 있는 것입니까? 어느 편이 참 신앙입니까? 죄인을 만나 죄인이 성자로 변하도록 감화하는 것입니까, 아니면 죄인을 만나면 자기가 더러워질까 염려하여 피하는 것입니까?

오늘날 동성애자들의 결혼이나 삶에 지나치게 간섭하고 그들의 인권을 존중하자는 입법을 가로막기 위해서 요란한 문자를 돌리며 극렬하게 반대하는 교인들은 빈수레가 아닌지 생각해 보아야 합니다. 자신의 믿음이 무너질까 두려워 불안해하는 것은 아닌지 돌아보아야 합니다. 우리는 가난한 시대에 가나안 농군학교를 창설하고 매일 기도하면서 그의 기도굴 입구에 "조국이여 안심하라!"고 좌우명을 걸어놓고 기도하고 행동하던 고 김용기 장로의 기백을 다시 생각해 보아야 하겠습니다.

생각해보기

❀ 사회적으로 죄인이라고 지탄을 받던 사람들에 대한 예수님의 행동과 바리새인들의 행동을 비교하면서 우리는 어떤 차이를 발견할 수 있나요?

구약성경을 읽어보면 백성의 죄에 대하여 극렬한 반응을 보인 사람들을 찾아볼 수 있습니다. 우선 이스라엘 백성이 광야에서 음란한 죄에 빠질 때 아론의 손자 엘르아살의 아들 제사장 비느하스는 현장에서 간음죄를 범하던 남녀를 한 창에 꿰어 죽인 일이 있습니다(민 25장). 사사 기드온도 아버지 집에 지어놓은 우상을 도끼로 찍어버린 쾌거를 벌인 적이 있습니다(삿 6장). 그래서 오늘날 한국의 어떤 분들은 절에 가서 불상을 훼손하기도 하고 단군상을 찍기도 합니다. 어쩌면 한국의 소수자인 동성애자들에 대한 분노도 역시 하나님을 생각하는 비느하스와 같은 열정으로 그렇게 하는 일임에 틀림없습니다.

그러나 그들과 우리 사이에 중요한 차이가 있습니다. 이스라엘은 하나님과 언약을 맺은 사이입니다. 그러나 우리나라의 불자들과 비그리스도인들은 하나님과 언약을 맺은 사이가 아닙니다. 그들은 소위 이방인입니다. 그리스도 밖의 사람들입니다. 그들에게는 빛을 비추듯이 우리의 삶을 통해서 선한 삶, 거룩한 삶을 보여주는 방식이 성경적입니다(마 5:16). 도리어 우리가 주의를 기울여야 하는 것은 교회 안의 정결입니다. 한국 교회의 지도자들이 타락할 때 그리스도인들은 그들의 죄를 책망해야 합니다. 다윗이 범죄했을 때 나단 선지자는 그를 찾아가 책망했습니다(삼하 12장). 그리고 다윗은 회개했으며 그는 하나님의 마음에 합한 사람이 되었습니다. 베드로가 신앙에서 벗어날 때 사도 바울은 그를 모든 사람 앞에서 책망했습니다(갈 2:14). 그러나 우리 개신교는 그 동안 반대로 살아왔습니다. 교회 내부의 부패에 대해서는 침묵하고 교회 밖의 사람들의 죄에 대해서는 목소리를 높였습니다.

사도 바울은 디모데에게 이렇게 권면합니다:

> 다른 사람의 죄에 간섭하지 말며 네 자신을 지켜 정결하게 하라
> (디모데전서 5:22)

생각해보기

❀ 구약성경에 나타난 비느하스나 기드온의 행동을 오늘날 그대로 따라 하는 것은 왜 위험하고 비성경적입니까?

....

....

현재 한국 사회는 갈등이 고조되고 있습니다. 그 갈등 중에서 앞으로

더 심각해질 것으로 보이는 것은 종교갈등입니다. 이미 이슬람 극단주의 무장단체(IS, Islam State)로 인하여 무슬림에 대한 반감이 세계적으로 높아가고 있습니다. 남북의 갈등, 진보와 보수의 갈등, 빈부격차로 인한 갈등, 세대의 갈등 등으로 인하여 한반도는 물론 지구촌이 신음을 하고 있습니다. 우리는 하나님의 대리인으로서 이 갈등의 한 가운데 서 있습니다. 주님은 우리에게 말씀하시기를, 화평하게 하는 자들은 복이 있나니 그들이 하나님의 아들이라 일컬음을 받을 것(마 5:9)이라고 하심으로 우리가 이 갈등의 중재자임을 일깨워주셨습니다.

우리는 하나님의 대리인으로서 어떻게 이 갈등의 중재자가 될 수 있을까요?

생각해보기

※ 오늘날과 같은 갈등의 시대를 생각해 봅시다. 즉, 종교 갈등, 경제적 불평등, 지역 갈등 등을 중재하는 하나님이 대리인으로서 우리는 어떤 능력과 태도를 갖추어야 한다고 생각합니까?

하나님의 대리인, 하나님의 은혜의 경륜을 찬양하자!

에베소서 1장에서 본 바와 같이 사도 바울은 하나님의 자녀로 우리가 부름 받은 목적은, 먼저 거룩하게 하심이요 그리고 그 최종 목적은 하나님의 은혜의 영광을 찬송하게 하심이라고 합니다(엡 1:6). 하나님의 대리인들은 하나님의 자녀이며, 그들은 하나님의 은혜가 얼마나 영광스러운지를 찬송하는 자들이라는 말입니다.

그러면 우리는 어떻게 하나님의 영광을 찬송할 수 있을까요?

(1) 우선, 거저 받았으니 거저 줌으로 하나님의 은혜를 나타낼 수 있습니다. 용서 받았으니 우리도 용서해 줌으로 그렇게 할 수 있습니다. 하나님이 우리를 용납해 주셨으니 우리도 서로를 용납해 줌으로 그렇게 할 수 있습니다. 거룩하게 우리를 만드셨으니 우리가 거룩하게 살아감으로 하나님의 은혜를 찬양할 수 있습니다. 관용은 하나님의 은혜를 나타내는 가장 좋은 방법입니다.

그리고 (2) 하나님의 은혜를 받은 사람은 당당하게 살아갑니다. 그리고 그렇게 살아가는 그의 모습은 하나님의 은혜를 세상에 가장 잘 드러냅니다. 아브라함은 자신의 거주지를 결정할 때 조카에게 먼저 선택하라고 양보합니다(창 13장). 그의 조카는 더 나은 곳처럼 보이는 곳을 선택하고 아브라함은 좋지 않아 보이는 쪽을 선택했습니다. 그러나 하나님이 함께 하신 아브라함은 더 풍성해졌고 보기에 좋은 쪽을 택한 조카는 패가망신합니다. 하나님이 함께 하심을 믿고 양보하는 그리스도인은 하나님의 은혜를 가장 크게 찬송하는 사람입니다.

쫓기는 입장에 있던 다윗왕을 생각해 봅시다. 왕이 아들(압살롬)에게 쫓기는 신세가 되었을 때 그를 욕하는 사람(시므이)이 도망하는 다윗의 앞에서 흙먼지를 날리면서 다윗왕을 비방합니다(삼하 16:7). 그 때 다윗은 자신에게 욕하는 그 사람을 보고 그대로 지나갑니다. 그는 지금의 일을 보면서 하나님이 함께 하심을 믿고 있기 때문입니다. 그리고 하나님은 다윗을 다시 왕의 자리에 앉게 하셨습니다.

성경은 우리 믿음의 선배들의 모습을 보여줍니다. 그들이 어떻게 하나님의 은혜의 영광을 찬송했는지. 자신을 죽이려고 돌을 던지는 무리를 도리어 축복하는 스데반 집사는 하나님의 은혜의 영광을 높이 찬양한 분입니다(행 7:60). 복음을 전하다가 옥에 갇히고 매를 맞은 사도들은 그것을 영광으로 간주합니다. 그리고 기뻐합니다(행 5:41). 그것은 하나님의 은혜를 찬송하는 것이 무엇인지를 보여줍니다.

사도 바울은 복음을 전하다가 유대인들로부터 고소를 당하여 재판을 받게 되었습니다. 그를 재판하려고 로마의 고관대작들과 군인들이 위엄을 갖추고 번쩍이는 군복을 입고 그를 둘러쌌습니다(행 25장). 그러나 바울은 전혀 위축되지 않고 그들에게 당당히 예수 그리스도의 은혜를 전파합니다. 그것이 하나님의 은혜의 영광을 찬송하는 모습입니다. 하나님의 은혜를 알고 그의 사랑을 받은 이들은 이처럼 세상에서 당당하게 살아갑니다.

끝으로, (3) 하나님의 은혜의 영광을 찬송하는 방법은 낮은 자들과 함께 하는 것입니다. 즐거워하는 자들과 함께 즐거워하고 우는 자들과 함께 우는 것입니다(롬 12:15).

지난 2010년 1월에 48세로 돌아가신 이태석 신부의 이야기는 하나님의 은혜의 영광을 찬송하는 좋은 본보기입니다. 이태석 신부는1962년 부산에서 태어나 인제대학교 의과대학을 졸업하고 가톨릭 신부가 되어 아프리카의 수단으로 갑니다. 전쟁으로 혼란과 가난과 질병이 극심한 나라의 청소년들에게 의술과 음악을 통해 사랑을 실천합니다. 그는 '수단의 슈바이처'라는 별명을 가지고 있습니다. 그의 일대기는 '울지마 톤즈'라는 책과 영화를 통해서 아직도 많은 한국인들에게 감동과 도전을 주고 있습니다.

생각해보기

❀ 이 메시지의 결론에서 하나님의 대리인으로서 은혜를 나타내는 방식을 세 가지로 제시합니다. 그것을 요약해 보세요.

❀ 위의 두 번째 실천 사항에 나오는 세 사람의 예를 생각해 봅시다. 아브라함과 다윗과 스데반 같은 분들을 하나님의 은혜를 나타낸 대리인들이라고 볼 수 있는 이유는 무엇입니까?

■ 요약 ■

하나님의 경륜 (7) 은혜와 율법

하나님은 은혜로 세상을 지으셨고 은혜를 베푸심으로 세상을 경영해 가십니다. 예수님도 은혜가 충만한 분입니다. 그러나 율법주의자들은 은혜의 주님을 배척합니다. 자신을 특별하게 여기는 부자 청년도 은혜의 예수님을 따르지 않습니다. 왜냐하면 자기의 것을 내려놓고 약자들과 함께 기뻐할 마음이 그에게는 없기 때문입니다. 그의 마음 어느 한 구석에도 예수님의 은혜가 자리할 수 없습니다. 그러나 오늘 우리나라 개신교회가 바로 그런 율법주의적인 특징을 많이 보여주고 있습니다. 비록 그 의도는 하나님을 위한 것이라지만 올바른 지식을 따르지 않은 유대인들과 같은 실수를 범하는 것입니다(롬 10:2). 유대인들은 예수님을 십자가에 못 박고, 사도들을 박해하며, 율법을 폐기하는 자들이라고 정죄했습니다.

그러나 진정한 그리스도인들은 약자를 배려하고 사회를 통합하는 순기능을 해 왔습니다. 그것은 하나님이 세상을 은혜로 통치하신다는 것을 잘 알고 있기 때문입니다. 그러므로 우리는 하나님의 자녀의 당당함을 가지고 서로 나누며 서로 용납하며 살아갑시다. 그리고 즐거워하는 자들과 더불어 함께 즐거워하고 우는 자들과 더불어 함께 우는 우리가 됩시다. 그렇게 할 때 우리는 은혜로 세상을 통치하시는 하나님의 대리인으로 살아가게 되며, 하나님의 아들들이 될 것입니다. 하나님이 우리와 함께 하시는 이유가 바로 이것입니다. 하나님이 우리 안에서 일하시는 것이 바로 이것입니다. 우리 모두 하나님의 대리인으로서 그 영광스러운 은혜를 찬양하는 일에 동참합시다. 할렐루야!

생각해보기

❀ 오늘 배운 것을 기억하면서 나의 기도문을 적어봅시다.

은혜의 경륜

하나님은 끊임없이
은혜를 베푸심으로
세상을 통치하신다.

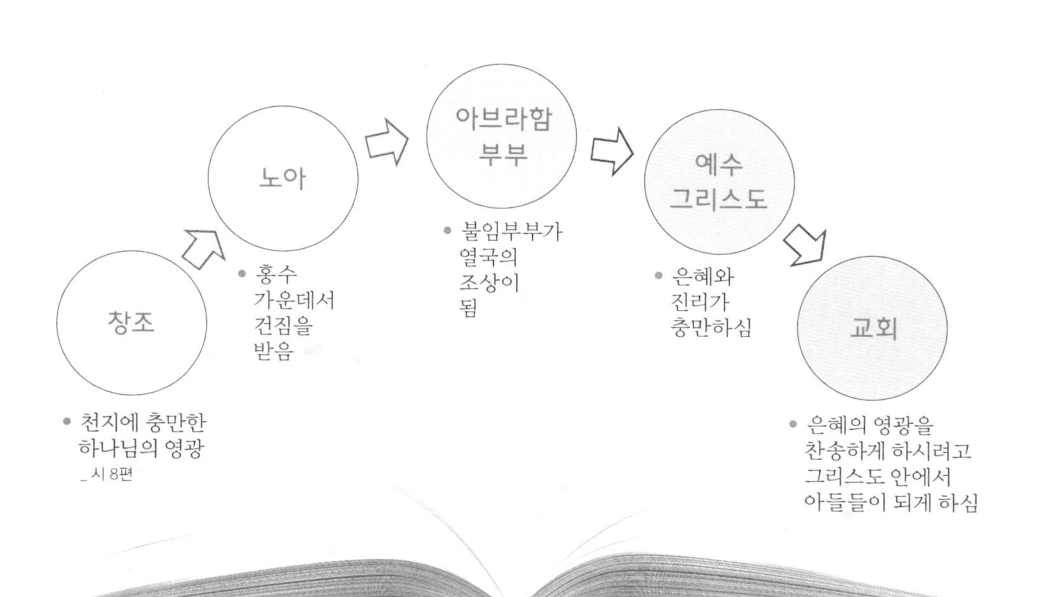

스데반이 성령 충만하여 하늘을 우러러 주목하여

하나님의 영광과 및 예수께서 하나님 우편에 서신 것을 보고

말하되 보라 하늘이 열리고

인자가 하나님 우편에 서신 것을 보노라 한대

사도행전 7:55~56

08
스데반의 설교

사도행전 7 장

하나님의 경륜 시리즈

08

스데반의 설교

사도행전 7장

링컨의 게티스버그 연설

미국의 제16대 대통령 링컨은 자신의 임기 중에 내전을 경험했습니다. 내전(內戰)이란 한 국가 안에서 생각을 달리 하는 사람들이 말이 아니라 총칼로 싸우는 것을 말합니다. 미국은 1861년부터 1865년까지 5년 동안 남과 북으로 나뉘어 치열한 전쟁을 치렀습니다. 남북전쟁이라고 하는 그 전쟁의 한 가운데서 가장 치열한 전투가 벌어진 격전지 게티스버그는 펜실베니아주에 있습니다. 여기서 링컨의 북군은 승리를 거두었고 이 승리로 말미암아 전세는 북군에게 유리하게 기울었습니다. 이 치열한 전투의 자리에 16만명의 군인이 참여해서 5만명이 죽었습니다. 이 전투에서 사망한 군인들을 위한 국립묘지 봉헌식이 1863년에 있었는데, 링컨 대통령이 이 행사에 참석하여 연설을 했습니다.

행사가 진행되는 과정에서 링컨보다 앞서서 연설을 했던 웅변가 에드워드 에버렛(Edward Everett)은 나중에 링컨에게 이런 말을 했다고 합니

다: “나는 두 시간 동안 연설을 했고 당신은 2분 동안 연설을 했습니다. 그러나 나의 두 시간 연설이 묘지봉헌식의 의미를 당신의 2분 연설처럼 그렇게 잘 포착할 수 있었다면 얼마나 좋았겠습니까?” 이렇게 해서 탄생한 것이 링컨의 그 유명한 게티스버그 연설입니다. 이것은 전 세계에 알려져 가장 모범적인 연설문의 하나로 연구되기도 하고, 정치인들이 종종 그 연설을 인용하기도 합니다. 이 2분짜리 연설에서 가장 유명한 구절(名文)은 이것입니다:

“신의 가호 아래 이 나라는 새로운 자유의 탄생을 볼 것이며,
국민의, 국민에 의한, 국민을 위한 정부는
이 지상에서 결코 사라지지 않을 것입니다.”

실제로 링컨의 게티스버그 연설을 차분히 읽어보면, 국립묘지가 자리할 그곳 게티스버그에서 죽어간 군인들의 희생이 어떤 의미를 가지는지, 그리고 그렇게 그들의 죽음을 기억하기 위해 국립묘지를 세우는 남아 있는 자들의 사명은 무엇인지를 잘 다루고 있습니다. 희생자에 대한 엄숙한 기념과 앞으로 만들어갈 나라에 대한 비장한 사명감이 담겨 있습니다. 그리고 그렇게 나아가는 길이 바로 하나님의 은총 아래 있는 길이라는 확신이 서려 있는 명연설입니다.

우리나라 학생들은 고등학교 시절에 영어를 공부하면서 링컨의 이 연설문을 배웁니다. 저도 그랬습니다. 그러나 지금 한 교회의 담임목사가 되어 하나님의 대리인으로서의 소임을 느끼면서 나아가는 지금, 링컨 대통령의 이 연설은 새로운 의미로 다가옵니다. 한 나라를 짊어지고

나아가는 지도자가 그 국민의 숭고한 희생 앞에서 느끼는 사명감과 미래를 위한 확고한 신념을 저는 느낄 수 있습니다.

생각해보기

❀ 링컨이 게티스버그에서 연설했을 때 그 자리는 어떤 자리였습니니까?

❀ 링컨은 그 연설을 통해서 결국 무슨 말을 하려는 것일까요?

오늘 우리는 성경에서 한 지도자의 연설을 읽습니다. 그 지도자는 이 연설을 하고 나서 돌에 맞아 죽었습니다. 그러므로 오늘 우리가 읽는 이 연설문은 목숨을 건 연설이라고 할 수 있습니다. 그리고 그 연설을 한 사람은 바로 스데반 집사입니다.

스데반, 산헤드린 법정에서 연설하다

하나님으로부터 보내심을 받은 예수 그리스도께서는 이 땅에 그 거룩한 피를 쏟아 새 백성을 탄생하게 하셨습니다. 그 백성은 예수께서 하시던 일을 이어서 할 하나님의 대리인으로 세워진 사람들입니다. 하나님은 그들에게 성령을 보내셔서 그 일을 할 수 있는 지혜와 은혜를 부어주셨습니다. 그 결과 예수님의 부활과 승천 이후에 이 땅에 세워진 하나님의 교회는 효과적으로 복음을 전했습니다. 그들의 삶과 서로 섬기는 모습은 예루살렘 사람들로부터 칭찬을 받았고 많은 사람들이 교회로 와서 이 거룩한 무리에 합류했습니다.

그렇게 제자들의 수가 많아지자 교회의 지도자들인 사도(使徒)들은 하나님 나라 복음을 가르치고 기도하는 일에 더욱 집중하기 위해 자신들을 도울 일군 일곱 사람을 추천 받았습니다. 그렇게 해서 세워진 사람들은 교회 공동체를 섬기고 봉사의 일을 하기 위해 선출된 사람들입니다. 그들을 가리켜 성경은 집사(執事, 헬. *디아코노스 diakonos,* deacon)라고 하는데 그 의미는 일을 맡은 자요, 섬기는 자라는 뜻입니다. 그 집사들은 성령과 지혜가 충만하고 사람들에게 칭찬을 받는 사람들이었습니다. 그들 일곱 집사 중에 한 사람이 바로 스데반입니다.

스데반은 교회공동체를 위한 섬김의 일을 하는 동시에 가는 곳마다 영혼을 구원하고 표적을 행하기도 했습니다. 그가 기도하면 병든 자가 고침을 받고 귀신 들린 사람이 회복되기도 했습니다. 그래서 예수님을 십자가에 못박은 사람들이 예수님의 이름을 전하는 스데반을 못마땅하게 여기고 사람들을 매수하여 그를 고소했습니다. 그렇게 해서 스데반은 유대인의 법정에 섰습니다.

고소자들이 스데반을 고소한 죄목은 예수님에게 덮어씌운 죄목과 같은 것이었습니다. 그것은 모세의 율법과 성전을 나쁘게 말했다는 것입니다(행 6:11). 유대인들은 율법을 무시하고 성전을 폄훼(貶毁)하는 사람을 그들의 법정에 세워 처벌하는데 스데반을 그처럼 고소했습니다. 이 사람들이 스데반을 잡아서 법으로 심판하려는 이유는 오직 하나 스데반이 전하는 예수님을 그들이 싫어하기 때문입니다.

생각해보기

❀ 스데반이 유대인의 최고법정인 산헤드린 앞에 서서 재판을 받게 된 이유는 무엇입니까? 즉, 스데반이 받은 고소 내용은 무엇입니까?

그래서 스데반은 유대인의 자치 통치 기구인 산헤드린 법정 앞에 섰습니다. 이 법정은 얼마 전에 예수님을 재판하던 그 법정입니다. 그곳에서 스데반은 자신을 변호하는 연설을 합니다. 이것이 오늘 우리가 다룰 본문입니다. 그러므로 스데반의 설교는 법정에서 자신을 변호하는 연설입니다. 이 연설은 2,000년 전에 한 유대인이 동족을 향하여 각성과 회개를 촉구하는 호소였습니다. 153년 전에 있었던 링컨의 연설문도 우리가 읽고 이해하려면 어느 정도의 삶에 대한 경륜이 있어야 하는 것처럼, 2,000년 전에 유대인이 한 연설을 우리가 읽고 이해한다는 것은 쉬운 일은 아닙니다.

링컨의 연설을 통하여 우리는 링컨이 생각하는 국가상과 민주주의의 가치를 배울 수 있습니다. 마찬가지로 스데반의 설교를 읽으면서 우리는 하나님이 어떻게 그 백성을 인도하시는지, 그리고 하나님의 백성들이 지금 어떤 가치관을 가지고 살아야 하는지를 배울 수 있습니다. 스데반은 그렇게 하나님의 경륜과 그 가치를 증언하고 그것을 위해 자신의 목숨을 바쳤습니다. 그런 희생이 담긴 그의 설교는 2,000년이 지나도록 신앙을 소중히 생각하는 사람들에게 신앙의 본질에 대한 절절한 가르침을 주고 있습니다.

스데반의 설교를 통해 바라본 하나님의 경륜

사도행전 7장에 기록된 스데반의 설교는 구약성경 전체의 이야기를 압축한 것이며 요약한 것입니다. 하나님이 이스라엘 백성을 어떻게 세우셨으며 인도하셨는지를 보여줍니다. 그리고 그 백성이 하나님께 어떤 반응을 했는지를 보여줍니다. 스데반의 설교를 이해하면 구약성경 전체를 이해한 것과 같습니다. 그리고 스데반의 설교는 초대교회에서 선포된 설교의 전형(典型)이라고 할 수 있습니다. 그러므로 오늘 우리는 2,000년 전 그리스도인들이 어떤 설교를 들었는지를 스데반의 설교를 통해서 알 수 있습니다.

오늘 저의 설교는 스데반의 설교를 해설한 것이라고 볼 수 있습니다. 저는 이 스데반의 설교에 대한 해설을 통해서 그 동안 우리가 살펴보고 있는 하나님의 경륜을 다시 한번 살펴보기를 원합니다. 그때 우리는 우리가 배우고 있는 하나님의 경륜이 다만 에베소서를 쓴 바울의 생각이 아니라 본래부터 교회가 믿고 전한 것임을 확신하게 될 것입니다.

그럼, 스데반의 설교를 조금씩 나누어 살펴보겠습니다. 먼저 스데반은 하나님이 아브라함을 부르시고 그에게 땅을 주겠다고 말씀하신 옛 언약을 꺼냈습니다. 사도행전 7장 2절부터 5절까지가 그것입니다:

2. 스데반이 이르되 여러분 부형들이여 들으소서 우리 조상 아브라함이 하란에 있기 전 메소보다미아에 있을 때에 영광의 하나님이 그에게 보여
3. 이르시되 네 고향과 친척을 떠나 내가 네게 보일 땅으로 가라 하시니
4. 아브라함이 갈대아 사람의 땅을 떠나 하란에 거하다가 그의 아버지가 죽으매 하나님이 그를 거기서 너희 지금 사는 이 땅으로 옮기셨느니라
5. 그러나 여기서 발 붙일 만한 땅도 유업으로 주지 아니하시고 다만 이 땅을 아직 자식도 없는 그와 그의 후손에게 소유로 주신다고 약속하셨으며

이 말씀은 하나님이 아브라함을 불러 지금 유대인이 살고 있는 땅으로 옮기셨는데 처음에는 그 땅을 주시겠다고 약속만 하셨다는 것입니다. 그리고 나서 스데반은 아브라함의 자손이 애굽에서 사백 년 동안 종살이를 할 것을 하나님이 미리 말씀하셨다고 그 과정을 이야기해 나갑니다. 계속해서 스데반의 설교를 들어보겠습니다(6~10절):

6. 하나님이 또 이같이 말씀하시되 그 후손이 다른 땅에서 나그네가 되리니 그 땅 사람들이 종으로 삼아 사백 년 동안을 괴롭게 하리라 하시고
7. 또 이르시되 종 삼는 나라를 내가 심판하리니 그 후에 그들이 나와서 이 곳에서 나를 섬기리라 하시고

8. 할례의 언약을 아브라함에게 주셨더니 그가 이삭을 낳아 여드레 만에 할례를 행하고 이삭이 야곱을, 야곱이 우리 열두 조상을 낳으니라
9. 여러 조상이 요셉을 시기하여 애굽에 팔았더니 하나님이 그와 함께 계셔
10. 그 모든 환난에서 건져내사 애굽 왕 바로 앞에서 은총과 지혜를 주시매 바로가 그를 애굽과 자기 온 집의 통치자로 세웠느니라

이 말씀은 아브라함의 아들 이삭, 손자 야곱, 증손자 요셉이 애굽에 팔려가서 국무총리가 되었다는 것입니다. 그리고 이 요셉을 따라 온 가문이 애굽으로 이주해서 큰 민족으로 번성한 이야기를 들려줍니다(11~17절):

11. 그 때에 애굽과 가나안 온 땅에 흉년이 들어 큰 환난이 있을새 우리 조상들이 양식이 없는지라
12. 야곱이 애굽에 곡식 있다는 말을 듣고 먼저 우리 조상들을 보내고
13. 또 재차 보내매 요셉이 자기 형제들에게 알려지게 되고 또 요셉의 친족이 바로에게 드러나게 되니라
14. 요셉이 사람을 보내어 그의 아버지 야곱과 온 친족 일흔다섯 사람을 청하였더니
15. 야곱이 애굽으로 내려가 자기와 우리 조상들이 거기서 죽고
16. 세겜으로 옮겨져 아브라함이 세겜 하몰의 자손에게서 은으로 값 주고 산 무덤에 장사되니라
17. 하나님이 아브라함에게 약속하신 때가 가까우매 이스라엘 백성이 애굽에서 번성하여 많아졌더니

이렇게 번성한 이스라엘 백성을 애굽의 왕이 박해하여 이스라엘 자손은 큰 고통을 겪었습니다. 그러자 모세라는 사람이 자기 백성을 구원하려고 했으나 그 백성이 그의 말을 듣지 않았습니다(18~29절).

18. 요셉을 알지 못하는 새 임금이 애굽 왕위에 오르매
19. 그가 우리 족속에게 교활한 방법을 써서 조상들을 괴롭게 하여 그 어린 아이들을 내버려 살지 못하게 하려 할새
20. 그 때에 모세가 났는데 하나님 보시기에 아름다운지라 그의 아버지의 집에서 석 달 동안 길리더니
21. 버려진 후에 바로의 딸이 그를 데려다가 자기 아들로 기르매
22. 모세가 애굽 사람의 모든 지혜를 배워 그의 말과 하는 일들이 능하더라
23. 나이가 사십이 되매 그 형제 이스라엘 자손을 돌볼 생각이 나더니
24. 한 사람이 원통한 일 당함을 보고 보호하여 압제 받는 자를 위하여 원수를 갚아 애굽 사람을 쳐 죽이니라
25. 그는 그의 형제들이 하나님께서 자기의 손을 통하여 구원해 주시는 것을 깨달으리라고 생각하였으나 그들이 깨닫지 못하였더라
26. 이튿날 이스라엘 사람끼리 싸울 때에 모세가 와서 화해시키려 하여 이르되 너희는 형제인데 어찌 서로 해치느냐 하니
27. 그 동무를 해치는 사람이 모세를 밀어뜨려 이르되 누가 너를 관리와 재판장으로 우리 위에 세웠느냐
28. 네가 어제는 애굽 사람을 죽임과 같이 또 나를 죽이려느냐 하니
29. 모세가 이 말 때문에 도주하여 미디안 땅에서 나그네 되어 거기서 아들 둘을 낳으니라

생각해보기

❀ 스데반은 아브라함부터 모세까지 약 500년의 기간을 위에서 요약합니다. 그것은 창세기 12장부터 출애굽기2장까지의 기록입니다. 스데반의 설교는 하나님이 하신 일을 소개하는 데 중점을 둡니다. 그의 설교를 볼 때, 하나님이 하신 일은 무엇입니까?

사람을 죽이고 도망한 모세는 40년 후에 하나님의 부르심을 받아 다시 애굽으로 보냄을 받습니다(30~38절).

30. 사십 년이 차매 천사가 시내 산 광야 가시나무 떨기 불꽃 가운데서 그에게 보이거늘
31. 모세가 그 광경을 보고 놀랍게 여겨 알아보려고 가까이 가니 주의 소리가 있어
32. 나는 네 조상의 하나님 즉 아브라함과 이삭과 야곱의 하나님이라 하신대 모세가 무서워 감히 바라보지 못하더라
33. 주께서 이르시되 네 발의 신을 벗으라 네가 서 있는 곳은 거룩한 땅이니라
34. 내 백성이 애굽에서 괴로움 받음을 내가 확실히 보고 그 탄식하는 소리를 듣고 그들을 구원하려고 내려왔노니 이제 내가 너를 애굽으로 보내리라 하시니라

35. 그들의 말이 누가 너를 관리와 재판장으로 세웠느냐 하며 거절하던 그 모세를 하나님은 가시나무 떨기 가운데서 보이던 천사의 손으로 관리와 속량하는 자로서 보내셨으니
36. 이 사람이 백성을 인도하여 나오게 하고 애굽과 홍해와 광야에서 사십 년간 기사와 표적을 행하였느니라
37. 이스라엘 자손에 대하여 하나님이 너희 형제 가운데서 나와 같은 선지자를 세우리라 하던 자가 곧 이 모세라
38. 시내 산에서 말하던 그 천사와 우리 조상들과 함께 광야 교회에 있었고 또 살아 있는 말씀을 받아 우리에게 주던 자가 이 사람이라

모세가 그 백성을 구원하려고 하나님의 보내심을 받았으나 그의 백성은 다시 그를 거부합니다.

생각해보기

❀ 하나님의 보내심을 받은 모세를 이스라엘 백성은 어떻게 거절합니까?

이스라엘 백성은 계속 반역을 일삼는 모습을 보입니다(39~43절).

39. 우리 조상들이 모세에게 복종하지 아니하고자 하여 거절하며 그 마음이 도리어 애굽으로 향하여

40. 아론더러 이르되 우리를 인도할 신들을 우리를 위하여 만들라 애굽 땅에서 우리를 인도하던 이 모세는 어떻게 되었는지 알지 못하노라 하고
41. 그 때에 그들이 송아지를 만들어 그 우상 앞에 제사하며 자기 손으로 만든 것을 기뻐하더니
42. 하나님이 외면하사 그들을 그 하늘의 군대 섬기는 일에 버려 두셨으니 이는 선지자의 책에 기록된 바 이스라엘의 집이여 너희가 광야에서 사십 년간 희생과 제물을 내게 드린 일이 있었느냐
43. 몰록의 장막과 신 레판의 별을 받들었음이여 이것은 너희가 절하고자 하여 만든 형상이로다 내가 너희를 바벨론 밖으로 옮기리라 함과 같으니라

스데반은 구약의 이스라엘 백성 곧 지금 유대인의 조상들이 어떻게 하나님의 인도를 거부하고 하나님의 보내신 구원자를 배척했는지를 성경을 통해 보여주었습니다. 그래서 하나님이 결국 그들을 다시 아브라함이 처음 떠나왔던 곳 바벨론으로 옮기셨습니다. 구약성경의 역사는 이스라엘 백성들의 반역의 역사요, 하나님의 구원을 거부하던 역사입니다.

스데반은 지금 유대인들에게 말합니다. 그들이 그렇게 자랑으로 여기는 하나님의 율법을 그들의 조상들은 계속적으로 반복해서 어기고 불순종해서 마침내 하나님의 심판을 받았다고 말합니다. 율법의 가장 큰 계명은 무엇입니까? 하나님을 사랑하는 것 아닙니까? 그러나 이스라엘 백성은 계속해서 우상을 섬김으로 율법을 어기고 깨뜨린 민족이었습니다. 율법을 어긴 사람은 지금의 스데반이 아니라 그들과 그들의 조상들이었습니다. 그래서 심판을 받았습니다. 그리고 마침내 하나

님이 모세에게 말씀하시던 '너와 같은 선지자 하나를 내가 보내겠다'고 하셨는데(37절), 그분이 바로 예수님이라고 소개합니다. 그런 예수님을 소개하는 나를 왜 율법을 어기는 자라고 고소하느냐는 것입니다.

생각해보기

❀ 스데반이 여기까지 말하고자 하는 핵심은 무엇입니까?

....

....

스데반은 계속해서 성전을 폄훼했다는 고소에 대하여 대답을 합니다(44~50절).

44. 광야에서 우리 조상들에게 증거의 장막이 있었으니 이것은 모세에게 말씀하신 이가 명하사 그가 본 그 양식대로 만들게 하신 것이라
45. 우리 조상들이 그것을 받아 하나님이 그들 앞에서 쫓아내신 이방인의 땅을 점령할 때에 여호수아와 함께 가지고 들어가서 다윗 때까지 이르니라
46. 다윗이 하나님 앞에서 은혜를 받아 야곱의 집을 위하여 하나님의 처소를 준비하게 하여 달라고 하더니
47. 솔로몬이 그를 위하여 집을 지었느니라
48. 그러나 지극히 높으신 이는 손으로 지은 곳에 계시지 아니하시나니 선지자가 말한 바
49. 주께서 이르시되 하늘은 나의 보좌요 땅은 나의 발등상이니 너희가 나를 위하여 무슨 집을 짓겠으며 나의 안식할 처소가 어디냐

50. 이 모든 것이 다 내 손으로 지은 것이 아니냐 함과 같으니라

성전에 대하여 스데반이 하고자 하는 말은 무엇입니까? 그것은 본래 증거의 장막이었습니다. 증거(證據)라는 말은 증표입니다. 하나님과 그 백성이 맺은 언약의 증표가 장막입니다. 신랑신부가 결혼식 때 증표로 반지를 상대방의 손가락에 끼워줍니다. 이때 그 반지는 곧 사랑의 증표입니다. 장막이 이와 같은 것인데, 이스라엘 백성이 처음 모세와 함께 하나님의 산에서 언약을 맺을 때 받은 것입니다. 그 장막이 다윗과 솔로몬의 시대에 와서 크게 확장된 형태로 지어진 것이 바로 성전입니다. 그런데 그 성전을 솔로몬이 완공했을 때 하나님은 무엇이라고 말씀하셨습니까?

하나님은 자신에게 성전이 필요하지 않다고 말씀하셨습니다(48~50절). 하늘이 하나님의 보좌요, 땅은 하나님이 발을 얹는 발등상인데 어디 사람이 지은 곳에 하나님이 갇혀 계시겠습니까? 하나님이 그 백성에게 주신 성막과 성전은 그들과 맺은 언약의 증표였습니다. 그러나 아내나 남편 중 하나가 간음을 행하고 그 사랑의 약속을 져버렸을 때 그 증표였던 반지가 무슨 의미가 있겠습니까? 하나님을 배반하고 우상을 음란하듯 섬긴 백성이 성전을 소중히 여긴들 그것이 하나님 앞에 무슨 의미가 있겠습니까? 스데반이 성전을 거슬러 폄훼하는 말을 했다고 하는 유대인들의 주장은 덧없는 것입니다. 그래서 스데반은 마지막으로 이렇게 설교의 절정을 전달하며 목소리를 높입니다(51~53절).

51. 목이 곧고 마음과 귀에 할례를 받지 못한 사람들아 너희도 너희 조상과 같이 항상 성령을 거스르는도다

52. 너희 조상들이 선지자들 중의 누구를 박해하지 아니하였느냐 의인이 오시리라 예고한 자들을 그들이 죽였고 이제 너희는 그 의인을 잡아 준 자요 살인한 자가 되나니
53. 너희는 천사가 전한 율법을 받고도 지키지 아니하였도다 하니라

스데반이 꼭 하고 싶었던 말씀이 이제 나왔습니다. 이스라엘의 역사는 성령을 거스르는 역사였습니다. 하나님의 선지자들을 박해하던 그들 조상들처럼, 선지자들이 예언한 것처럼 의인이 오시리라 하던 대로 그 의인이 왔으나 그들은 십자가에 못박았습니다. 이로써 스데반은 유대인들을 꾸짖습니다. 그들이 얼마 전에 죽인 예수님이 바로 하나님의 그리스도시요, 선지자들이 그렇게 여러 번 오시리라던 분이라고 말입니다. 그래서 하나님의 율법을 범한 사람은 바로 이 그리스도를 죽인 당신들 유대인들이라고 회개를 촉구합니다.

생각해보기

❀ 결국 사도행전 7장에 나오는 스데반의 설교는 무엇을 목적으로 하는 것입니까? 그는 자신의 설교를 통하여 결국 무슨 말을 하고 싶은 것입니까?

....

....

사실 이와 동일한 설교를 베드로가 했습니다. 베드로는 오순절 날 유대인들에게 이렇게 말했습니다. 사도행전 2장에 나오는 베드로 설교의

절정입니다:

> 그런즉 이스라엘 온 집은 확실히 알지니 너희가 십자가에 못 박은 이 예수를 하나님이 주와 그리스도가 되게 하셨느니라 하니라 (사도행전 2:36)

베드로의 이 설교에 대한 유대인들의 반응은 놀랍습니다. 계속해서 살펴봅시다:

> 그들이 이 말을 듣고 마음에 찔려 베드로와 다른 사도들에게 물어 이르되 형제들아 우리가 어찌할꼬 하거늘, 베드로가 이르되 너희가 회개하여 각각 예수 그리스도의 이름으로 세례를 받고 죄 사함을 받으라 그리하면 성령의 선물을 받으리니, 이 약속은 너희와 너희 자녀와 모든 먼 데 사람 곧 주 우리 하나님이 얼마든지 부르시는 자들에게 하신 것이라 하고 (사도행전 2:37~39)

생각해보기

❀ 사도행전 7장의 스데반 설교와 사도행전 2장의 베드로 설교의 공통점은 무엇입니까?

이렇게 해서 회개하고 예수 그리스도를 믿은 사람의 수가 그 날 삼천 명에 달했습니다. 그러나 스데반이 산헤드린 법정에서 설교를 하고 나자 사람들의 반응은 어땠을까요? 그들도 회개했을까요? 다시 사도행전 7장으로 돌아가 보겠습니다.

54. 그들이 이 말을 듣고 마음에 찔려 그를 향하여 이를 갈거늘
55. 스데반이 성령 충만하여 하늘을 우러러 주목하여 하나님의 영광과 및 예수께서 하나님 우편에 서신 것을 보고
56. 말하되 보라 하늘이 열리고 인자가 하나님 우편에 서신 것을 보노라 한대
57. 그들이 큰 소리를 지르며 귀를 막고 일제히 그에게 달려들어
58. 성 밖으로 내치고 돌로 칠새 증인들이 옷을 벗어 사울이라 하는 청년의 발 앞에 두니라
59. 그들이 돌로 스데반을 치니 스데반이 부르짖어 이르되 주 예수여 내 영혼을 받으시옵소서 하고
60. 무릎을 꿇고 크게 불러 이르되 주여 이 죄를 그들에게 돌리지 마옵소서 이 말을 하고 자니라

생각해보기

❀ 스데반은 그리스도를 전파하는 메시지를 전한 후에 결국 어떻게 되었습니까?

....

....

❀ 그가 '이 말을 하고 자니라' 라고 본문은 마칩니다. 그가 자고 있다는 말은 무슨 뜻일까요? 그는 정말 자고 있는 것일까요? 성도가 죽으면 어떻게 됩니까?

스데반의 설교가 우리에게 주는 메시지

만약 자유와 평등이 보장된 우리나라에 다시 어떤 독재자가 나타나 사리사욕을 채우기 위해 백성을 억압한다면, 그 때 국민들은 링컨의 게티스버그 연설을 생각하고 일어날 것입니다. 즉, 우리의 정부는 "국민의 정부요, 국민에 의한 정부요, 국민을 위한 정부가 되어야 합니다!"라는 주장입니다. 이것이 현대 민주주의 본고장 미국에서 153년 전에 외치고 그 정신을 따라 국민을 섬기다가 괴한의 총에 죽임을 당한 아브라함 링컨의 민주주의 정신입니다. 그것은 때로는 투표로 나타나기도 하고 양심적인 행동으로 나타나기도 할 것입니다.

이와 마찬가지로 하나님의 대리인으로서 분명한 소신과 확신을 전하다가 돌에 맞아 순교한 스데반의 설교가 우리에게 전하고자 하는 피묻은 메시지는 무엇입니까?

하나님이 그 경륜에 의하여 아브라함의 자손 이스라엘 백성을 부르시고 그들에게 땅도 주시고 큰 민족도 주셨는데, 그들이 하나님의 부르심에 거역하고 대리인으로서의 본분을 망각했습니다. 그래서 하나님은 이스라엘 백성을 그 약속의 땅에 살지 못하게 하시고, 그들을 그들의 조상 아브라함이 본래 살던 바벨론으로 쫓아내셨습니다.

그리고 마침내 가장 위대한 대리인을 보내셨습니다. 그 분은 우리에게 오신 하나님의 선물이요 은혜입니다. 그분은 자신을 희생하여 우리의 모든 죄를 담당(擔當)하셨습니다. 십자가에서 우리의 모든 죄를 짊어지시고 우리를 하나님 앞에 설 수 있는 백성으로 만드셨습니다. 우리는 이제 어두운 세상에서 죄 가운데 신음하지 않고 예수 그리스도 안으로 부르심을 받았습니다. 우리가 이제 주님의 백성으로 신실하게 살아간다면 하나님은 우리를 통하여 당신의 뜻을 이루실 것입니다. 그래서 우리를 성경은 대리인 또는 청지기라고 부릅니다.

우리는 하나님이 이 세상에서 부르신 사람들입니다. 우리는 하나님의 뜻을 이루기 위해 선택 받은 대리인입니다. 하나님은 우리와 영원토록 함께 하십니다. 우리 가운데서 하나님은 일하고 계십니다. 그러나 우리가 하나님을 거슬러 육신에 빠져 육신대로 산다면 어떻게 되겠습니까? 이스라엘 백성이 성전을 가지고 있었고 율법을 받았지만 그들은 우상을 섬기며 옛날 아브라함이 떠나온 도시의 사람들이 행하던 일을 행했습니다. 그리고 그들은 다시 그리로 끌려가고 말았습니다.

이제 하나님이 그리스도로 말미암아 새롭게 빚으시고 만드신 친백성인 우리는 어떻게 해야 하겠습니까? 그 동안 배운 대로 우리가 하나님의 대리인임을 확실히 기억합시다. 하나님은 그 대리인과 늘 함께 하심을 믿고 당당하게 살아갑시다. 또한 우리는 하나님의 백성으로서 믿음의 공동체인 교회를 건강하게 세우는 일에 힘씁시다. 왜냐하면 하나님은 교회를 통하여 하나님의 각종 지혜를 하늘의 통치자들에게까지 알게 하시려는 궁극적인 목적을 갖고 계시기 때문입니다. 지금 온 세상은 우리 주 예수 그리스도께서 다스리고 계십니다. 오직 주님만이 죽음에서 다시 일어나셔서 참 하나님이 되셨습니다. 그 주님은 오늘도 우리를 새로운 피조물로 만드셨고, 또한 우리를 통하여 이 세상을 새롭게 만들어 가십니다. 그리하여 하나님이 얼마나 은혜가 풍성하신지 우리를 통하여 온 세상에 알릴 것입니다. 스데반은 죽으면서 그것을 몸으로 보여주었습니다. "주여, 이 죄를 그들에게 돌리지 마옵소서!"라고 기도하면서.

생각해보기

❀ 스데반의 설교를 다룬 오늘의 메시지를 공부한 후에 나는 무엇을 배웠습니까? 그리고 무엇을 결심합니까? 아래에 적어보세요.

다른 복음은 없나니

다만 어떤 사람들이 너희를 교란하여

그리스도의 복음을 변하게 하려 함이라

그러나 우리나 혹은 하늘로부터 온 천사라도

우리가 너희에게 전한 복음 외에 다른 복음을 전하면

저주를 받을지어다

갈라디아서 1:7~8

09

바울의 복음

갈라디아서

하나님의 경륜 시리즈

09

바울의 복음

갈라디아서

하나님의 경륜과 언약

우리는 지금 하나님이 세상을 다스리시는 이야기를 배우고 있습니다. 그것을 하나님의 경륜이라고 바울은 말했습니다. 하나님의 경륜은 대리인을 통한 위임통치입니다. 그 대리인은 아담이요, 아브라함이요, 이스라엘 백성, 그리고 예수 그리스도십니다. 우리들도 하나님의 부르심을 받은 대리인이라고 할 수 있습니다. 하나님께서 그 대리인들을 부르시고 그들과 함께 하십니다. 그렇게 해서 하나님의 각종 지혜를 세상과 및 하늘의 통치자들에게까지 알게 하십니다.

하나님이 자신의 대리인을 부르시면 먼저 그들에게 하나님의 선하심과 인자하심을 보여주시고 그들과 언약을 맺으십니다. 그것은 하나님의 대리인으로서 살아가는 언약입니다. 먼저, 아담을 위하여 천지만물을 창조하시고 그에게 다스리고 정복하라는 위임령을 주십니다. 그렇게 하나님의 대리인으로 부르심을 받은 아담이 하나님의 대리인으로 살아가기 위한 언약을 맺습니다. 이 언약에서 아담이 지켜야 할 것은 에덴 동산의 선악을 알게 하는 나무의 실과를 먹지 않는 것입니다. 하나님은 언제나 자신의 약속에 충실하십니다. 그러나 인간 아담은 그렇게 하지 않았습니다. 그래서 선악을 알게 하는 나무의 열매를 따먹음으로 하나님과 맺은 언약을 깨뜨리고 말았습니다. 그래서 그는 더 이상 에덴동산에 살지 못하고 밖으로 쫓겨났습니다.

그 후에 하나님은 노아를 부르시고 새로운 인류를 시작하셨습니다. 죄가 가득한 세상을 물로 심판하시고 노아와 그 가족을 통하여 새로운 통치를 시작하셨습니다. 그렇게 해서 노아는 방주를 만들어 하나님의 말씀에 순종했습니다. 그리고 방주에서 나와 신세계에 선 노아에게 하나님은 무지개를 보여주시며 언약을 맺으셨습니다. 이제 다시는 물로 심판하지 않으신다는 약속입니다. 그 약속을 받은 노아의 후손들은 하나님을 경외하면서 살지 못했습니다. 그리고 바벨탑을 쌓아 하나님의 뜻을 거스르는 일을 했습니다. 그 후 세상은 언어가 혼잡하게 되어 사방에 흩어집니다.

하나님은 아브라함을 부르시고 그와 언약을 맺으셨습니다. 그 언약의 내용은 하나님이 아브라함에게 큰 민족이 되는 복을 주시고 가나안 땅을 그와 그의 후손들에게 주시려는 것입니다. 나아가 아브라함을 통하여 하나님의 복을 천하만민에게 주시려는 목적을 지향합니다. 그 언약을 하나님이 성실히 수행하시는데, 아브라함에게 이 언약을 잘 지키겠다는 다짐의 증표로 할례를 받게 하셨습니다. 그것은 마치 이렇게 말하는 것과 같습니다: “나는 하나님의 백성이야. 하나님이 우리를 통하여 그 놀라운 일을 하실 거야! 나는 아브라함의 자손이야! 하나님은 우리 조상 아브라함과 언약을 맺으셨지." 할례는 몸에 새겨진 언약의 상징입니다. 할례 그 자체에 능력이 있는 것이 아니라, 그 백성이 하나님의 언약에 충실할 때 의미가 있습니다.

하나님은 그 후에 아브라함의 후손인 이스라엘 백성을 애굽에서 건져내시고 하나님의 산에서 언약을 맺으셨습니다. 그들을 제사장의 나라로 삼으시고 그들을 보호하는 하나님이 되시겠다는 약속입니다. 그들이 하나님을 주님으로 섬겨야 하는 언약입니다. 이 언약이 유지되기 위해서 하나님이 늘 신실하신 것처럼, 이스라엘도 율법에 충실해야 했습니다. 그리고 그 언약을 기념하기 위해 하나님은 성막을 이스라엘 백성에게 주셨습니다. 성막은 하나님이 그들과 함께 하신다는 것을 기억하게 하는 증표였습니다. 그러나 이스라엘이 하나님의 언약을 저버리고 다른 신을 섬기면 이 증표는 의미가 없습니다. 실제로 이스라엘은 하나님을 저버리고 그 언약을 깨버렸습니다. 그래서 하나님은 그들에게 주신 언약의 증표인 성전을 떠나 하늘로 올라가셨고 이방인에게 짓밟히도록 내버려두셨습니다.

시내산 언약을 맺고 시간이 지난 후에 하나님은 또 다윗을 부르셨습니다. 하나님의 부르심을 받아 왕이 된 다윗은 하나님을 위해 성전을 지어드려야겠다고 생각했습니다. 하나님은 다윗의 마음을 보시고 그와 언약을 맺으셨습니다. 그 언약은 다윗의 후손들을 계속 왕으로 삼으시겠다는 것입니다. 그래서 다윗의 왕위가 영원하게 하시겠다는 약속입니다. 하지만 다윗의 후손들은 하나님을 저버리고 우상숭배에 빠지는 등 하나님과의 언약을 버렸습니다. 그래서 다윗의 후손 왕들은 이방인에게 포로로 끌려가고 그 왕가의 왕위 승계는 끊어지고 말았습니다.

마지막 언약 그리고 새 언약

이렇게 구약성경에서 우리는 하나님의 언약들을 찾아볼 수 있습니다. 그 사랑하는 종들을 부르시고 그들을 대리인으로 삼으실 때마다 하나님은 언약을 맺으셨습니다. 그리고 그 언약의 증표를 주셨습니다. 그들이 그 언약에 충실할 동안에 그 언약의 증표는 유효했습니다. 그러나 그들의 언약이 깨졌을 때 그들의 언약의 증표도 의미를 상실했습니다. 그런 이유로 에덴동산을 우리는 더 이상 찾을 수 없습니다. 무지개를 보면서 다시는 세상을 심판하지 않으실 것을 생각하는 것이 아니라 지금 우리는 심판이 기다리고 있음을 압니다. 더 이상 무지개는 심판 없음을 나타내지 않습니다. 아브라함의 언약의 증표인 할례도 더 이상 의미가 없습니다. 이스라엘 백성들이 지키던 율법도 그들의 성전도 더 이상 언약으로서는 유효하지 않습니다. 다윗 가문의 왕들은 더 이상 존재하지 않습니다. 이 모든 것을 우리는 지나간 언약들 또는 옛 언약이라고 할 수 있습니다.

생각해보기

❀ 구약성경에 나오는 언약과 증표를 생각해 봅시다. 다음의 빈칸을 채워봅시다.

노아와 맺으신 언약: 증표 – (   ) 증표의 의미:

....

아브라함과 맺으신 언약: 증표 – (   ) 증표의 의미:

....

모세와 맺으신 언약: 증표 – (   ) 증표의 의미:

....

다윗와 맺으신 언약: 증표 – (   ) 증표의 의미:

....

왜냐하면 하나님이 새 언약을 위해 이 세상에 한 분을 보내셨기 때문입니다. 그분은 하나님의 독생자 우리 주 예수 그리스도십니다. 주님은 아브라함의 후손으로 오셨으며 그 백성을 다시 만드시고 친히 하나님의 성전이 되시는 분이셨습니다. 또한 그분은 다윗의 자손으로서 만 왕의 왕이 되시고 영원한 왕이 되실 분이었습니다. 다시 심판이 없는 백성을 모아 들일 방주요 영원한 무지개가 되시는 분입니다. 그 언약을 위해 오신 예수님은 십자가의 피로 우리를 하나님과 화목하게 하시는 분입니다. 그 안에서 우리는 다시 에덴동산의 아담과 하와처럼 하나님과 화목할 수 있습니다. 그 안에서 우리는 옛날 성전의 지성소에 들어갔던 대제사장처럼 그 은혜의 보좌에 들어갈 수 있는 복을 받습니다. 누구든지 예수 안에 들어오고 예수님을 믿으면 하나님의 백성이요 자녀가 됩니다. 그런 놀라운 언약, 모든 옛 언약의 의미를 다시 회복하는 총체적인 언약, 완전한 언약을 예수 그리스도를 통하여 하나님이 우리와 맺으십니다.

그러므로 예수 그리스도 안에서 새 언약에 동참하는 사람은 더 이상 옛 언약 아래서 살지 않습니다. 더 이상 율법을 지킴으로써 하나님 앞에 나아가는 자격을 얻지 않아도 그리스도 안에서 하나님 앞에 나아갈 수 있습니다. 더 이상 할례를 받지 않아도 하나님의 성령께서는 우리 영에 하나님의 백성이요 자녀라는 증표를 주십니다. 그것을 바울은 성령의 인(印), 곧 도장(圖章, seal)이라고 합니다. 그래서 육신에 할례를 하지 않아도 아브라함의 복을 받는 하나님의 백성이 됩니다. 이스라엘 백성에게 언약의 증표였던 성전은 하나님이 그들 가운데 계신다는 의미입니다. 그런데 하나님은 이제 새 언약에 동참한 사람들과 언제나 함께 하십니다. 이제 건물이 아니라 우리가 하나님의 성전입니다. 그래서 옛 언약 아래서는 "하나님은 성전에 계시도다"(시 11:4)고 고백했지만, 이제 새 언약 아래서는 하나님이 "우리와 함께" 계십니다. 우리 안에 거하시기에 우리가 어디로 가든지 하나님이 우리와 함께 하십니다. 우리의 죄를 용서 받기 위해 짐승의 피를 가지고 하나님 앞에 나아가지 않아도 됩니다. 우리 주 예수께서 단번에 영원한 제사를 드리셨기 때문입니다. 이것이 은혜요 이것이 복입니다. 그리스도 안에서 우리 모두는 복을 받은 사람이요, 하나님의 백성이요, 아브라함의 자손이요, 그 나라를 상속 받을 자녀들입니다. 이것이 기쁜 소식, 복음입니다.

생각해보기

❀ 예수 그리스도는 위의 네 언약을 어떻게 완성하셨습니까? 그리스도 안에서 우리가 받은 새롭고 완전한 언약을 생각하면서 아래를 작성해 봅시다.

노아 언약:

....

아브라함 언약:

....

모세 언약:

....

다윗 언약:

....

다른 복음을 주의하라

그런데 사도 바울은 갈라디아교회에 보내는 편지에서 다른 복음을 따르는 것을 경고합니다. 갈라디아서 1장 6절부터 9절을 봅시다. 여기서 우리는 목숨 걸고 복음을 전하는 사도의 우려를 읽을 수 있습니다:

6. 그리스도의 은혜로 너희를 부르신 이를 이같이 속히 떠나 다른 복음을 따르는 것을 내가 이상하게 여기노라
7. 다른 복음은 없나니 다만 어떤 사람들이 너희를 교란하여 그리스도의 복음을 변하게 하려 함이라
8. 그러나 우리나 혹은 하늘로부터 온 천사라도 우리가 너희에게 전한 복음 외에 다른 복음을 전하면 저주를 받을지어다
9. 우리가 전에 말하였거니와 내가 지금 다시 말하노니 만일 누구든지 너희가 받은 것 외에 다른 복음을 전하면 저주를 받을지어다

사도 바울이 염려한 것은 무엇이었을까요? 자신이 생명을 바쳐 복음을 전했는데 어떤 사람들이 들어와서 교회 안에 다른 복음을 전하자 갈라디아 교인들이 그들의 가르침을 받아 올바른 복음에서 떠났습니다. 올바른 복음은 믿는 사람에게 구원을 주시는 하나님의 능력이며 참 자유와 평안을 주지만 다른 복음은 사람을 종으로 삼고 평안 대신에 불안을 가중시킵니다.

그러면 바울이 경계한 다른 복음은 무엇이었을까요? 그것은 유대인들이 하나님의 복을 받으려면 아브라함의 언약과 모세의 율법대로 할례를 받아야 한다는 가르침이었습니다. 할례는 아브라함과의 언약에서 언약의 증표입니다. 물론 예수님도 할례를 받으셨고 바울 자신도 할례를 받았습니다. 유대인이라면 생후 8일만에 할례를 받습니다. 그러나 이제 옛 언약의 시대가 지나가고 새로운 언약 영원한 언약 아래서 그리스도인은 살고 있습니다. 그 언약은 그리스도의 피로 맺은 언약입니다.

그래서 그 언약에 동참한 사람들은 더 이상 옛 언약 아래 있지 않습니다. 할례는 더 이상 필요가 없습니다. 율법 강요는 더 이상 유효하지 않습니다. 그리스도인은 이런 것에 얽매일 필요가 없습니다. 그래서 그리스도인은 자유롭습니다. 그러나 아브라함의 복을 받기 위해 할례를 강요하면 이는 '다른 복음'입니다. 주 앞에서 의롭다 함을 얻기 위하여 율법 준수를 강요하면 이는 '다른 복음'입니다. '다른 복음'은 그리스도의 죽음을 헛되게 합니다. 우리가 의롭게 되는 데는 그리스도 한 분으로 충분합니다. 그리스도의 새 언약이 옛 언약을 완성하고 대체했기 때문입니다.

생각해보기

❀ 갈라디아교회에 바울이 보내는 경고에서 다른 복음이란 어떤 것을 의미합니까?

바울은 전에 율법을 지키는 일에 열성을 냈습니다. 그는 율법에 대해 충실하려고 노력했습니다. 그러나 이제 율법을 지키는 일은 더 이상 가능하지 않음을 알았습니다. 그래서 그는 하나님께 대하여 살기 위해서 율법에 대하여 죽었습니다. 그리고 자신의 이런 결심을 이렇게 말합니다:

내가 율법으로 말미암아 율법에 대하여 죽었나니 이는 하나님에 대하여 살려 함이라. 내가 그리스도와 함께 십자가에 못 박혔나니 그런즉 이제는 내가 사는 것이 아니요 오직 내 안에 그리스도께서 사시는 것이라 이제 내가 육체 가운데 사는 것은 나를 사랑하사 나를 위하여 자기 자신을 버리신 하나님의 아들을 믿는 믿음 안에서 사는 것이라
(갈라디아서 2:19~20)

"나는 더 이상 율법을 지키는 열심과 노력으로 살지 않는다. 그리스도께서 십자가를 지심으로 옛 언약을 폐하시고 새 언약을 세우실 때, 나도 옛 언약에 대하여 죽었다. 이제 내가 사는 것이 아니다. 내 안에 그리스도께서 사신다. 나의 삶은 이제 율법을 지킴으로 나를 인정 받기 위한 삶이 아니요 나를 위하여 자신을 버리신 하나님의 아들을 믿는 믿음으로 사노라."

이것이 참 그리스도인의 고백입니다.

생각해보기

❋ 바울이 갈라디아서 2:20에서 더 이상 자신이 사는 것이 아니라 그리스도께서 사신다는 고백은 결국 무엇을 의미합니까? 그가 그리스도를 만나기 전에 애쓰던 삶과 비교하여 생각해 봅시다.

....

....

바른 복음의 전도자는 다른 복음을 전하는 자의 미움을 받는다

새 언약의 복음을 전하는 바울은 더 이상 할례를 받을 필요가 없다고 말합니다. 그리고 참 성전은 그리스도시며, 하나님의 사람들인 우리가 성령의 전이 되었다고 전파합니다. 이 모든 것이 예수 그리스도께서 오셔서 이루신 일임을 전합니다. 그러나 아직도 할례를 목숨처럼 소중히 여기는 사람들이 있었습니다. 예루살렘 성전이 세상에서 가장 거룩한 장소라고 믿는 이들도 있었습니다. 그들이 보기에 바울은 위험한 인물입니다. 그래서 그가 복음을 전하는 곳마다 유대인들이 방해를 하며 마침내 예루살렘에서 바울을 붙잡아 재판장으로 끌고 갑니다. 그리고 그를 죽여달라고 로마 관원에게 고소를 합니다. 그의 재판은 로마 황제 앞에까지 나아갑니다. 전해오는 바에 의하면 바울은 로마에서 순교했다고 합니다.

사실 다른 복음을 전하는 이들은 예수 그리스도를 반대하는 자들입니다. 예수님도 율법을 폐하는 자라는 고소를 받았으며, 성전을 폄훼(貶毁)하는 자, 깎아 내리는 자라는 비난을 받았습니다. 지난 주일에 우리가 본 스데반 집사도 동일한 정죄를 받고 돌에 맞아 순교했습니다. 이 모든 것이 다른 복음을 붙들고 있는 자들이 참 복음을 전하는 이들을 핍박한 일입니다.

기독교 역사를 볼 때, 다른 복음은 중세 로마 가톨릭의 '공로신학'에도 드러납니다. 구원을 받으려면 면죄부를 사야 한다는 가르침은 대표적인 '다른 복음'입니다. 그 외에도 복음을 알지 못하는 시대에 사람들은 미신적 신앙으로 자유가 아니라 두려움과 공포 가운데 사제들의 횡포에 시달려야 했습니다. 그런 가운데 신부였던 마틴 루터는 사람의 구원은 오직 믿음으로(*Sola fide*), 오직 은혜로(*Sola Gracia*) 받는 것을 성경을 통해 발견했습니다. 그래서 그는 오직 성경으로(*Sola Scriptura*) 살자고 말했습니다. 루터의 그런 주장은 즉시 로마교황청을 긴장하게 했으며 결국 루터는 암살위협을 받았습니다. 그러나 루터를 아끼는 지인들의 도움으로 루터는 적들의 손길이 미치지 않는 곳에서 성경을 자국의 모든 사람이 읽을 수 있는 언어인 독일어로 번역했습니다. 바야흐로 그 위대한 종교개혁이 시작되었습니다.

바울은 갈라디아 교인들에게 아브라함의 아들 이삭과 이스마엘의 이야기를 합니다. 이스마엘이 이삭을 괴롭히고 희롱한 것처럼 오늘날에도 여종의 자손이 자유 있는 여자의 자손을 괴롭게 한다고 말합니다. 그리고 하나님이 아브라함에게 하갈과 이스마엘을 집에서 내쫓으라고 하신 것처럼 바울은 교회 안에서 다른 복음을 내쫓아야 한다고 가르칩니다.

생각해보기

❀ 역사적으로 다른 복음을 전하는 자들은 어떤 이들입니까?
위 글을 참고하여 대답해 봅시다.

예수님 시대:

바울 시대:

루터 시대:

다른 복음은 사람의 정(情)마저도 느끼지 못하게 하고 인륜도 저버리게 합니다. 최근에 신천지에 빠진 사람들의 이야기를 들어볼 때, 가족의 권면도 듣지 않고 달아나는 자녀들을 봅니다. 다른 복음은 가정을 깨뜨리고 개인의 자유도 앗아갑니다. 그리고 다른 복음을 받아들이면 사람은 두려움 가운데 살게 되고 정상적인 판단력을 잃고 사람의 종이 되고 맙니다.

바울은 갈라디아 교인들에게 감사의 말을 합니다. 비록 자신이 육신적으로 약했지만 환대해 주었다고 갈라디아교인들을 칭찬합니다. 그러나 바른 복음을 가지라고 권면하니 미워하겠는가 하고 꾸짖었습니다. 다음의 구절은 이 사실을 잘 보여줍니다(갈 4:13~16):

13. 내가 처음에 육체의 약함으로 말미암아 너희에게 복음을 전한 것을 너희가 아는 바라
14. 너희를 시험하는 것이 내 육체에 있으되 이것을 너희가 업신여기지도 아니하며 버리지도 아니하고 오직 나를 하나님의 천사와 같이 또는 그리스도 예수와 같이 영접하였도다
15. 너희의 복이 지금 어디 있느냐 내가 너희에게 증언하노니 너희가 할 수만 있었더라면 너희의 눈이라도 빼어 나에게 주었으리라
16. 그런즉 내가 너희에게 참된 말을 하므로 원수가 되었느냐

바울은 바른 복음을 전할 때 자신을 그토록 사랑해 준 교우들이기에 비록 해산(解産)하는 수고를 하더라도 바로잡고자 했습니다. 이처럼 바른 복음은 때로는 동족의 미움을 받을 수도 있고 자신을 사랑하는 이들의 오해를 받을 수도 있습니다. 그래도 가야 하는 것, 그것이 주님의 진정한 종들이 아닐까요?

생각해보기

❀ 바울에게 그토록 애정을 보인 갈라디아교회가 다른 복음에 귀를 기울이는 것을 본 바울은 정말 마음이 아팠을 것입니다. 갈라디아교회는 얼마나 바울을 사랑했나요?

오늘날의 다른 복음

바울에게 다른 복음은 그리스도의 사역을 헛되게 만드는 율법주의와 할례전통을 고수하는 가르침입니다. 이스라엘 자손이 아브라함의 자손임을 자랑할 수 있는 증표는 할례에 있었습니다. 그러나 그들이 하나님을 떠나 이미 그 언약이 깨지고 새 언약의 사도(使徒)이신 예수 그리스도께서 오신 지금, 할례를 행한다면 그것은 그리스도의 복음에 대한 원수가 됩니다. 그래서 바울은 그토록 미움과 오해를 받으면서도 참 복음과 순수한 복음, 올바른 복음을 전하고자 했습니다.

여기서 우리는 오늘에는 바울이 말한 다른 복음은 없는지 생각해 봅시다. "구원은 은혜로 받고 복은 행함으로 받는다"는 말이 있습니다. 복을 받으려면 어떻게 해야 합니까? "건강의 복을 받으려면 몸으로 봉사하고, 물질의 복을 받으려면 물질로 헌신하고, 시간의 복을 받으려면 시간으로 헌신하고, 자손의 복을 받으려면 목회자를 잘 섬기라"는 말이 있습니다. 이것이 옳은 말입니까? 이것이 복음에 합당한 말입니까? 결코 그렇지 않습니다! 유대인들이 아브라함의 복을 받기 위해 할례를 행하는 것과 무엇이 다릅니까? 그러나 바울은 이에 관하여 분명하게 다음과 같이 말합니다(갈 3:5~9):

5. 너희에게 성령을 주시고 너희 가운데서 능력을 행하시는 이의 일이 율법의 행위에서냐 혹은 듣고 믿음에서냐
6. 아브라함이 하나님을 믿으매 그것을 그에게 의로 정하셨다 함과 같으니라
7. 그런즉 믿음으로 말미암은 자들은 아브라함의 자손인 줄 알지어다

8. 또 하나님이 이방을 믿음으로 말미암아 의로 정하실 것을 성경이 미리 알고 먼저 아브라함에게 복음을 전하되 모든 이방인이 너로 말미암아 복을 받으리라 하였느니라
9. 그러므로 믿음으로 말미암은 자는 믿음이 있는 아브라함과 함께 복을 받느니라

성령을 받는 것도 듣고 믿음에서요, 아브라함의 복을 받는 것도 믿음으로 말미암습니다. 그러므로 모든 그리스도인이 분명히 알아야 할 것은 그리스도 예수를 믿는 사람은 모두 아브라함과 함께 복을 받는다는 사실입니다. 이것은 하나님이 미리 정하셨습니다. 그리스도 예수로 말미암아 하나님이 우리와 함께 하시며 우리 가운데서 일하심을 믿는 사람들은 아브라함과 같은 믿음의 사람입니다. 아브라함이 무엇을 믿었습니까? 자식이 없는 자기 부부에게 하나님이 하늘의 별과 같은 많은 자손을 주리라고 약속하실 때 그 말씀을 믿었습니다. 오늘 우리도 예수님이 세상 끝날까지 함께 하리라고 약속하심을 믿고 우리 가운데서 행하심을 믿을 때 우리도 아브라함과 같은 믿음의 사람이 됩니다.

생각해보기

❀ 오늘날의 다른 복음이 가르치는 것은 무엇입니까? 그리고 그것을 우리는 어떻게 대적할 수 있습니까?

성경을 다시 봅시다. 에베소서 1장 3절에서도 우리가 무엇을 한 것 때문에 복을 주시는 것이 아니라 그리스도 예수 안에서 우리에게 복을 주시는 하나님을 찬양하고 있습니다:

> 찬송하리로다 하나님 곧 우리 주 예수 그리스도의 아버지께서 그리스도 안에서 하늘에 속한 모든 신령한 복을 우리에게 주시되
> (에베소서 1:3)

그리스도인이 복을 받는 것은 그가 이미 믿음으로 예수 그리스도 안에 들어왔기 때문입니다. 그래서 그는 복을 받습니다. 그것을 믿는 것이 믿음이요 그는 아브라함의 자손입니다. 그러므로 누가 이런 저런 일을 하면 복을 받는다고 하는 말에 속지 마시기 바랍니다. 이런 저런 일을 하고 누구에게 기도를 받으면 능력을 받는다고 하는 말에도 귀를 기울이지 마시기 바랍니다. 누구든지 예수 그리스도를 믿으면 하나님이 그 안에 성령을 부어주시고 그와 함께 계셔서 모든 일을 이루십니다. 그리고 그는 복 있는 사람이 되어 있습니다.

생각해보기

❀ 그리스도인은 어떻게 복을 받습니까? 그에게 어떤 조건이 필요합니까?

만약 하나님이 우리를 위하시면 누가 우리를 대적하겠습니까? 그러므로 그리스도인은 자유로운 사람입니다. 우리는 바울의 말을 기억할 필요가 있습니다:

> 그리스도께서 우리를 자유롭게 하려고 자유를 주셨으니 그러므로 굳건하게 서서 다시는 종의 멍에를 메지 말라 (갈라디아서 5:1)

더 많이 헌금해야 복을 받는다는 사람들의 말에 종 노릇하지 마십시오. 나에게 와서 능력을 받으라는 사람들을 따라다니지 마십시오. 조상의 죄로 말미암아 내린 저주를 풀려면 이런 저런 일을 해야 한다는 사람들의 거짓말에 속지 마십시오. 하나님이 우리와 함께 계심을 믿으십시오. 오늘도 우리 가운데서 우리를 통하여 일하시는 하나님을 바라보십시오. 그 믿음으로 행하십시오.

한국에서 순복음교회를 중심으로 하는 오순절 운동은 한국 교회에 많은 긍정적인 기여를 했습니다. 그러나 지나친 은사주의 운동은 복음의 정신을 훼손하고 은사우월주의와 신비주의를 낳았습니다. 그래서 소위 '은사자'라고 하는 특권층을 따라다니며 그들의 말에 종노릇을 하는 부작용을 낳았습니다. 이런 일은 오늘날까지도 이어져 아프리카에서 온 어떤 목사가 능력이 많다느니 무슨 목사가 신령하다느니 하면서 자신의 가정을 돌보지 못하고 거짓 예언자들을 따라 다니는 사람들이 더러 있습니다. 우리가 하나님의 대리인이며 성령이 우리 안에 계시는데, 누구에게 무슨 기름부음을 받습니까? 은사는 필요하면 성령이 주실 것입니다. 우리 안에서 일하시는 주님을 믿지 못하며 바른 복음을 배우지 못해서 사회의 지탄을 받고 사회 불안을 가중시키는 유언비어를 퍼트리는 일이 아직도 많이 있습니다. 다시는 종의 멍에를 매지 말라는 사도 바울의 외침을 우리 그리스도인들은 귀를 열고 들어야 하겠습니다.

생각해보기

❀ 은사주의와 신비주의자들도 다른 복음을 전하기 쉽습니다. 우리는 어떻게 그들을 대적할 수 있을까요? 우리가 다시 '은사자들'의 농간(弄奸)에 속지 않으려면 어떻게 해야 할까요?

사랑으로 서로 종 노릇 하는 자유인

그러면 은혜 아래 있는 그리스도인은 어떻게 살아갑니까? 이에 대해서 사도 바울은 우리에게 분명한 대답을 들려줍니다.

형제들아 너희가 자유를 위하여 부르심을 입었으나
그러나 그 자유로 육체의 기회를 삼지 말고
오직 사랑으로 서로 종 노릇 하라
(갈라디아서 5:13)

(1) 사랑으로 서로 종 노릇 하라는 것입니다. 그리스도인은 자유를 위하여 부르심을 받은 사람들입니다. 그러므로 누구에게 얽매이지 않습니다. 그 무엇에도 굴하지 않습니다. 오직 하나님의 통치를 받는 하나님의 대리인입니다. 그런데 그런 자유인이 종 노릇 하는 유일한 이유가 있습니다. 그것은 사랑입니다. 사랑은 모든 율법을 완성하기 때문입니다. 사도 바울은 이렇게 정리합니다:

온 율법은 네 이웃 사랑하기를 네 자신 같이 하라 하신
한 말씀에서 이루어졌나니
(갈라디아서 5:14)

공동번역 성경은 이 말씀을 더 쉽게 풀어줍니다:

모든 율법은 '네 이웃을 네 몸과 같이 사랑하라.' 는
하나의 말씀으로 요약할 수 있습니다
(갈라디아서 5:14)

(2) 그리스도인의 삶은 성령을 좇아 사는 삶입니다. 성령께서는 우리에게 서로 사랑하라고 이끄십니다. 항상 기뻐하게 하십니다. 서로 화목하게 하십니다. 오래 참을 수 있는 힘을 주십니다. 다른 사람에게 친절하게 대할 마음을 주십니다. 착한 일을 하고 싶은 마음을 주십니다. 한번 결심한 것은 끝까지 성실하게 완수하신 신실한 주님을 닮게 하십니다. 급한 일이 있어도 온유하고 차분하게 처리하는 너그러움을 주십니다. 그리고 모든 일을 넘치지 않게 조절하는 절제심을 주십니다.

그러나 그리스도인이 육신을 따라 살면 이와는 반대의 열매를 맺습니다. 육신(헬. *싸륵스 sarx*, flesh)이란 하나님 대신에 자신이 하나님이 되어 모든 일을 하려는 삶의 방식입니다. 내가 모든 것을 책임져야 하기에 스트레스를 받습니다. 다른 사람의 의견에 화를 냅니다. 조급해집니다. 그리고 마음에 위로와 안정감을 찾을 길이 없어서 다른 일에서 위로를 얻고자 합니다. 그러다가 중독에 빠지기도 합니다. 시기하고 다투고 술 취하고 방탕합니다. 자기 자랑으로 살아가는 사람이 바로 육신적인 삶입니다. 그리스도인은 십자가에 이런 육신적인 옛 사람을 못박은 사람입니다(갈 5:24).

그렇게 성령을 좇아 자유인이 된 그리스도인은 어떤 모습으로 살아야 하는지 사도 바울은 갈라디아서 6장에서 일러줍니다. 우리들은 다른 사람이 죄를 범할 때, 먼저 자신을 돌아보고 그 사람을 부드러운 마음으로 바로잡아 줍니다(갈 6:1). 우리들은 누구나 육신의 생각에 빠질 수 있기에 그의 실수에 대해 마음 아파하고 그가 성령을 좇아 살 수 있도록 돕습니다. 그리고 나도 얼마든지 그런 죄에 빠질 수 있음을 알고 성령 안에서 살기를 결심합니다.

(3) 또한 힘든 일을 하고 있는 사람을 보면 가서 도와줍니다(갈 6:2). 그것이 그리스도의 법을 성취하는 길임을 알기 때문입니다. 우리는 자유하지만 완전하지 않음을 알고 늘 배우려고 합니다. 그리고 자신에게 주어진 일에 최선을 다합니다(갈 6:5). 특별히 하나님의 말씀으로 공동체를 세워나가는 지도자들을 선대함으로 교회 공동체를 세우는 일에 동

참합니다(갈 6:6). 사도 바울은 믿음의 가정들을 돌보라고 교회에 권면합니다(갈 6:10). 그것이 우리 그리스도인이 사는 방식이기 때문입니다.

생각해보기

❀ 그리스도인은 자유인입니다. 그 자유인은 어떻게 살아야 한다고 위에서 말합니까? 세 가지로 요약해 보세요.

(1)..

(2)..

(3)..

이렇게 보면 주님께서는 그 동안 우리들을 여기까지 이끄시고 가르치셨습니다. 삶의 경험과 실수를 통해서 그리고 하나님의 말씀을 통해서 무엇이 잘못된 길이고 무엇이 올바른 길인지를 지금도 가르치시고 인도하십니다. 저는 지금 우리 가운데서 사랑으로 서로 종 노릇 하는 모습을 봅니다. 우리 직분자들 가운데 그런 아름다움이 있습니다. 우리 교우들 가운데서 성령의 인도하심을 따라 서로 겸손히 섬기고 세워주고 도우려는 아름다운 모습을 봅니다. 하나님이 우리 가운데서 일하고 계심이 확실합니다. 그리고 우리는 더욱 주님을 신뢰하며 사랑하며 그 사랑과 은혜를 누리면서, 서로를 사랑할 것입니다. 그리고 우리의 남은 생애를 통해 우리는 하나님의 대리인으로서의 삶을 배워가고 누릴 것입니다.

이것이 바울의 복음을 통하여 우리가 배우는 것이며, 우리 교회가 배우고 전하고 따라가는 복음입니다.

바울이 말한
하나님의 경륜

사도 바울이 에베소서에서 말하는
하나님의 경륜(계획)은,
유대인과 이방인이 함께
하나님의 백성공동체를 이루며,
한 가족이 되어 함께
성전(하나님의 처소)을 이루며
함께 하나님이 주시는 세상에
동참하는 것이다.

하나님의 나라(성전)	
유대인	이방인
예수 그리스도	

또 내가 새 하늘과 새 땅을 보니

처음 하늘과 처음 땅이 없어졌고

바다도 다시 있지 않더라

요한계시록 21:1

10

요한 계시록

판타지로 쓴
하나님의 경륜

하나님의 경륜 시리즈

10

요한계시록

판타지로 쓴 하나님의 경륜
요한계시록 21:1~8

하나님의 경륜에 대한 요약 설명

오늘은 하나님의 경륜에 대한 설교 열 번째 시간입니다. 그 동안 배운 설교의 키워드를 정리하면 다음과 같습니다: (1) 대리인, (2) 함께 하심, (3) 하나님의 백성, (4) 궁극적 목적, (5) 부활, (6) 새 창조, (7) 은혜, (8) 스데반의 설교, (9) 바울의 복음. 이것을 다시 간단히 정리하면 다음과 같습니다:

1. 대리인 : 하나님은 그 대리인을 통하여 세상을 통치하십니다. 이것을 우리는 위임통치라고 부를 수 있습니다. 그런 대리인을 성경은 아담, 노아, 아브라함, 이스라엘 백성, 예수님, 그리고 교회 등 하나님의 부르심을 받은 사람들로 소개합니다. 그러므로 하나님은 지금도 그 대리인을 통하여 세상을 통치하십니다. 그리고 우리는 하나님의 대리인입니다.

2. 함께 하심 : 하나님은 대리인을 부르신 후 그들과 늘 함께 하십니다.

불기둥과 구름기둥은 하나님이 함께 하심을 보여주는 증거입니다. 성막은 하나님이 함께 하신다는 것을 증거하는 장막입니다. 그래서 성막을 증거장막이라고 합니다. 오늘날 하나님은 교회와 함께 하십니다. 그래서 교회에게 성령을 부어주셨습니다. 여기서 말하는 교회란 하나님의 부르심을 받은 대리인들을 말합니다.

3. 하나님의 백성 : 하나님은 그 대리인들을 부르셔서 하나님의 백성을 만드십니다. 그것은 그 백성으로 이루어진 하나님의 나라를 만드시기 위함입니다. 그래서 이스라엘은 아브라함 한 사람으로부터 시작하여 열 두 지파를 이루었고, 예수님도 열 두 제자를 부르셔서 새로운 이스라엘로 삼으시고 택하신 족속과 거룩한 나라를 만드셨습니다. 하나님의 대리인은 공동체를 이루어 함께 그 나라를 세워가는 것이지 각개전투를 하는 개인이 아닙니다.

4. 궁극적 목적 : 하나님이 그 대리인을 통하여 세상을 통치하시는 궁극적인 목적은 하나님의 각종 지혜를 교회라는 대리인을 통하여 하늘에 있는 통치자들과 권세들에게 알게 하시려는 것입니다. 그러므로 교회는 그 존재와 활동을 통하여 하나님의 영광을 세상과 하늘의 통치자들에게까지 알게 하는 하나님의 도구요 동역자들입니다.

5. 부활 : 예수님의 제자들은 예수님의 부활을 목격하고 나서 예수님이 그리스도시며 온 세상의 왕이심을 알게 되었습니다. 그리고 그들은 비로소 하나님의 대리인으로서 온 세상에 예수님을 전할 수 있는 담대함과 확신을 갖게 되었습니다. 하나님은 예수님을 다시 살리심으로 온 세상의 권세를 가지신 통치자시라는 것을 만천하에 선포하셨습니다.

6. 새 창조 : 창조주 하나님이 세상을 통치하시는 목적은 이 세상을 새롭게 만드시는 것입니다. 그래서 죄로 물든 세상을 물로 심판하시고 새롭게 하셨습니다. 그 백성을 애굽에서 건져내심으로 새롭게 만드셨습니다. 우리들도 죄 가운데서 건져내시고 하나님의 백성으로 만드셨습니다. 그리고 장차 만물을 새롭게 하실 것입니다.

7. 은혜 : 하나님이 세상을 통치하시는 방법은 그 은혜를 나타내 보이는 것입니다. 그래서 하나님의 경륜을 사도 바울은 은혜의 경륜이라고 말합니다. 하나님은 처음부터 계속적으로 은혜를 베푸십니다. 하나님의 은혜 베푸심의 결과로 이 세상이 존재합니다. 하나님의 은혜를 받아서 이스라엘 백성이 생겼습니다. 하나님의 은혜를 가장 잘 보여주신 분은 예수 그리스도십니다. 십자가는 하나님의 은혜의 극치입니다. 그러므로 청지기로서 우리들은 하나님의 은혜를 나타내는 삶을 살아갑니다. 그것을 우리는 그리스도인의 관용이라고 합니다.

8. 스데반의 설교 : 스데반 집사는 그 설교를 통하여 하나님이 어떻게 세상을 경영해 오셨는지를 보여주었습니다. 그 말씀을 들어보면 그 백성이 율법을 어기고 성전을 가질 수 없는 연약한 자들이었기에 하나님이 예수 그리스도를 보내셨다고 합니다. 스데반은 구약성경을 잘 요약하여 하나님이 하신 일을 설명했습니다.

9. 바울의 복음 : 바울은 갈라디아서에서 진정한 복음과 다른 복음의 차이를 설명합니다. 진정한 복음은 예수 그리스도를 의지하며 신뢰합니다. 그러나 다른 복음은 자신을 신뢰하여 자신이 율법을 지킨 것을

자랑하며 그것으로 하나님 앞에 서려고 합니다. 그렇게 하면 그리스도께서 십자가 지신 일이 헛되이 되고 맙니다. 그래서 옛 언약 시대의 것으로서 이미 폐기된 할례와 절기 등 율법 준수를 강요하는 것을 바울은 경계합니다. 하나님의 경륜을 통해서 성경을 보면, 우리는 지금 옛 언약이 아니라 새 언약 아래서 살고 있습니다. 율법이 아니라 은혜 아래서 살고 있습니다.

생각해보기

❀ 지금까지 배운 하나님의 경륜을 아홉 개의 단어로 정리해 보세요.

(1)........................ (2)........................ (3)........................

(4)........................ (5)........................ (6)........................

(7)........................ (8)........................ (9)........................

하나님의 경륜의 시각적 제시, 요한계시록

이상 9주 동안 설교한 내용을 키워드 중심으로 다시 요약했습니다. 그런데 하나님이 세상을 통치하시는 이야기인 하나님의 경륜은 성경 전체에 걸쳐 흐르는 중요한 주제입니다. 성경 66권의 책 중에서 이렇게 하나님의 통치와 경륜을 가장 잘 보여주는 책은 요한계시록이라고 할 수 있습니다. 이 책은 하나님이 어떻게 세상을 다스리시는지 눈에 선명하게 보이도록 그려줍니다. 하나님에 대한 구체적인 설명과 함께 다양한 이

미지로 하나님을 묘사합니다. 요한계시록은 상징적 이미지를 사용하여 마귀도 눈에 보이는 존재로 묘사합니다. 하나님의 통치를 순종하는 대리인들의 빛나는 모습도 그려주며, 하나님의 통치를 거부하는 자들에 대한 무시무시한 심판도 적나라하게 소개합니다. 그리고 이 세상을 향한 하나님의 통치가 어떤 모습으로 완성될 지에 관해서도 그림을 그리듯이 설명해줍니다.

하나님의 경륜에 관한 메시지를 마음에 기억하고 요한계시록을 읽으면 바르고 쉽게 이해하는 데 도움이 됩니다. 그리고 성경 전체의 흐름과 내용을 잘 알고 있으면 요한계시록도 더 잘 이해할 수 있습니다. 특히 예수님의 행적을 기록한 복음서와 사도들의 서신서에 기록된 내용과도 일치하기 때문에 그 내용과 견주어 읽으면 계시록은 더욱 의미 있게 다가옵니다. 특히 하나님의 자녀요 그의 대리인이라는 확신을 가진 사람들이 요한계시록을 읽으면 신명 나고 마음 속에서 용기와 희망이 일어납니다. 왜냐하면 하나님이 이 세상을 어떻게 완벽하게 다스리시는가에 대한 이야기를 요한계시록은 들려주기 때문입니다.

그런데, 바른 복음을 알지 못한 사람들이 요한계시록을 두려움의 책이나 신비한 책으로 만들어 억지로 풀려고 하므로 많은 사람들이 요한계시록을 읽으려 하지 않습니다. 그리고 이단 교리를 가르치는 사람들이 요한계시록을 가지고 사람들을 미혹하는 일이 그 동안 많이 있었습니다. 그러므로 하나님이 세상을 어떻게 다스리시는지를 배운 분들이 요한계시록을 읽으면서 그 내용을 그림으로 확인해 나간다면 건전한 신앙과 종말에 대한 안정감과 확신을 더욱 굳건하게 다지게 될 것입니다.

생각해보기

❀ 위 글은 하나님의 경륜과 관련하여 요한계시록을 어떤 책이라고 소개합니까?

요한계시록의 복음

요한계시록에서 하나님은 어떤 분으로 소개될까요? 하나님은 알파와 오메가요(계 1:8), 처음과 나중이 되시며, 전능하신 하나님으로 소개됩니다. 하나님은 세상을 시작하신 창조주시며, 세상을 심판하시고 만물을 새롭게 창조하시며 완성하실 분으로 소개됩니다. 이는 하나님이 온 세상을 다스리는 분임을 나타내는 말입니다.

예수님은 계시록에서 어떤 분으로 소개될까요? 예수님도 알파와 오메가로 소개됩니다. 이는 하나님과 동일한 이름입니다(계 22:13). 예수님은 유다 지파의 사자(獅子, lion)이시며, 다윗의 뿌리, 그리고 유월절의 어린 양이라고 소개됩니다. 이는 모두 구약성경에 그 근거를 둔 명칭입니다. 예수님은 하나님 보좌 우편에 계신 분으로서 역사의 문을 여시는 분이라고 소개됩니다. 그분은 두루마리의 인을 떼실 수 있는 유일한 분으로 나타납니다(계 5:5). 또한 모든 생물과 천사들의 경배를 받으시는 분입니다.

내가 또 들으니 하늘 위에와 땅 위에와 땅 아래와 바다 위에와 또 그 가운데 모든 피조물이 이르되 "보좌에 앉으신 이와 어린 양에게 찬송과 존귀와 영광과 권능을 세세토록 돌릴지어다" 하니 (요한계시록 5:13)

이처럼 천상에서는 전능하신 하나님과 그의 독생자이신 어린 양께 모든 피조물이 찬양과 경배를 올려드리고 있음을 보여줍니다.

그런데 하나님의 통치를 거역하는 자, 곧 하나님의 대적자인 사탄에 대해서도 계시록은 그림으로 보여줍니다. 사탄은 큰 용과 뱀의 모습으로 소개됩니다. 그리고 그를 따르는 두 짐승이 바다에서와 육지에서 일어납니다. 이들이 하나님의 대리인들과 전쟁을 벌이는 그림을 계시록은 보여줍니다.

생각해보기

❀ 요한계시록에서 하나님을 어떤 분으로 소개합니까? 모두 적어보세요.

❀ 요한계시록에서 예수님을 어떤 분으로 소개합니까? 모두 적어보세요.

❀ 요한계시록에서 사탄을 어떤 모습으로 소개합니까? 모두 적어보세요.

우리는 교회를 하나님의 대리인이라고 배웠습니다. 그렇습니다. 그런데 계시록에서는 사탄의 세력과 전쟁을 하는 하나님의 대리인을 예수의 증거에 동참하는 자라고 소개합니다(계1:9). 이들은 또한 어린 양과 함께 사탄과 싸우는 전쟁에 동참하기 위해 인(印, seal, 도장, 표)을 받은 하나님의 종들입니다(계 7장). 그렇게 하나님께 부르심을 받은 사람들은 모두 열 두 지파에서 12,000명씩 144,000명입니다. 그러므로 계시록에서 144,000명의 사람들은 하나님의 대리인으로서 사탄의 세력과 싸우기 위해 어린 양의 편에 섰으며 성령의 인을 받은 하나님의 종들을 가리키는 말입니다. 그리고 하나님의 대리인을 설명하는 그림으로 두 증인을 소개합니다(계 11:3). 그 두 증인은 예수님처럼 고난을 당하고 순교함으로 승리를 거둡니다.

생각해보기

❀ 요한계시록에서 성도들을 어떤 용어로 설명합니까? 모두 적어보세요.

이렇게 요한계시록은 하나님의 경륜을 그림으로 보여주는 책으로서, 하나님과 예수님을 소개하고, 하나님을 대적하는 사탄과 전쟁을 벌이는 하나님의 대리인의 모습을 시각적으로 소개합니다.

요한계시록의 수신자와 그들의 문제

그러면 요한계시록은 누구에게 쓴 것일까요? 요한계시록의 기록자 요한이 밧모라는 섬에 유배되었을 때, 아시아에 있는 일곱 교회에 보내는 편지입니다. 이 때 요한을 섬으로 유배 보낸 사람들은 당시의 세계 제국 로마의 관리들이었습니다. 교회는 로마라는 막강한 나라의 통치 아래에 있었고 박해를 받는 상황이었습니다. 로마는 강력한 군사력을 앞세워 주변 지역을 정복해 나갔습니다. 그리고 로마 황제를 신으로 받들어 섬기라고 강압을 행사했습니다. 그들의 말을 잘 들으면 로마가 돌보는 가운데 안전하게 살 수 있고 물건도 마음껏 사고 팔 수 있다고 달래기도 합니다.

생각해보기

❀ 요한계시록이라는 편지를 받는 성도들은 어떤 상황 가운데 살고 있었습니까?

이런 상황 가운데 전능하신 하나님을 믿는 하나님의 대리인들은 로마 황제를 섬기지 않고 그들이 제공하는 달콤한 평화를 거절하고 예수님이 주시는 평화를 갈망했습니다. 요한계시록에는 그 누구도 대적할 수 없는 강력한 짐승이 나옵니다. 그것이 바로 로마 제국을 가리키는 말임은 명백합니다. 그리고 그 짐승 위에 올라탄 음탕한 여인이 음행의 포도주를 땅의 임금들과 사람들에게 마시게 하는 이야기가 나옵니다(계 17:2). 이것은 신앙을 부인하는 대가로 안전과 경제적 풍요를 보장한다는 로마제국의 유혹을 음탕한 여인의 그림으로 빗대어 제시한 것입니다(패러디, parady).

> 내가 보니 여자가 붉은 빛 짐승을 탔는데 그 짐승의 몸에 하나님을 모독하는 이름들이 가득하고 일곱 머리와 열 뿔이 있으며, 그 여자는 자주 빛과 붉은 빛 옷을 입고 금과 보석과 진주로 꾸미고 손에 금 잔을 가졌는데 가증한 물건과 그의 음행의 더러운 것들이 가득하더라
> (요한계시록 17:2~3)

요즘도 정치풍자만화를 보면 나라를 짐승으로 그리기도 합니다. 예를 들어, 풍자만화가들은 지금의 러시아의 전신인 소련을 불곰으로 표현하고, 중국을 용이나 팬더곰으로 그립니다. 또한 미국을 독수리나 삐쩍 마른 남자인 엉클쌤으로 그립니다.

생각해보기

❀ 요한계시록에서 누구도 대적할 수 없는 강력한 짐승은 누구를 가리킵니까?

❀ 요한계시록에서 짐승 위에 올라탄 음탕한 여인은 누구를 가리킵니까?

요한계시록은 하나님의 대리인들이 하나님의 통치에 순종하는 것을 인(印) 받는 것으로 표현합니다. 그리고 로마제국의 황제숭배에 굴복하고 그들이 제공하는 경제적 풍요를 누리기 위해 하나님을 저버리고 우상숭배에 빠진 사람들을 설명할 때는, 짐승의 표를 받는다고 합니다(계 13:17). 그러므로 짐승의 표는 짐승의 이름입니다. 그것을 성경은 육백육십육이라고 합니다. 여기서 우리는 666표가 바코드라느니 베리칩이라느니 하는 말이 얼마나 허망한 것인가를 알 수 있습니다.

인을 받는다거나 표를 받는 이야기가 가지는 진짜 중요한 의미가 무엇입니까? 그것을 이렇게 말할 수 있습니다. 일제 치하에서 당장 먹고 살기 편하다고 일제의 앞잡이 노릇을 할 수 없는 것 아닙니까? 마찬가지로 로마제국의 통치 아래서 황제에게 절하면 풍요와 자유를 보장한다는 유혹에 넘어갈 수 없는 것 아닙니까? 그것이 바로 하나님의 대리인들이 당면한 문제였습니다. 그러므로 오늘날 우리도 이 세상의 진정한 통치자이신 예수님을 망각하고, 당장 급하다고 돈이나 사람에게 굴복하면서 신앙을 배반한다면 그것이 바로 짐승의 표를 받는 것입니다. 그러나 하나님이 항상 우리와 함께 하시며, 지금도 일하고 계심을 삶의 현장에서 고백하며 인내하고 바른 길을 걷는다면, 이런 사람은 하나님의 종들로서 어린 양의 인을 받은 사람들입니다. 곧 하나님의 충성된 대리인입니다. 계시록은 이런 이야기를 담고 있습니다.

생각해보기

❀ 요한계시록에서 인(印, seal)을 받는다는 말은 무슨 뜻입니까?

❀ 요한계시록에서 짐승의 표인 666을 받는다는 말은 무엇을 가리키는 말입니까?

❀ 오늘날의 666은 무엇입니까? 바코드입니까? 베리칩(VeriChip)입니까? 아니면 무엇입니까?

하나님의 심판과 천년왕국

요한계시록을 읽을 때 반드시 기억할 중요한 것이 있습니다. 그것을 모르면 오해하기 쉬운 것이기도 합니다. 요한계시록은 로마제국의 통치 아래서 있던 일곱 교회의 성도들에게 쓴 편지라는 사실입니다. '쾌도난마 요한계시록'을 쓴 송태근 목사가 강조하는 바도 이것입니다. 그러므로 이 모든 글은 그들이 읽고 이해할 수 있는 것이었으며, 그들이 읽고 희망과 용기를 얻을 수 있도록 기록된 것이라는 점입니다. 이것은 세상의 종말에 어떤 일이 일어날 것인가를 보여주는 시나리오가 아니라 하나님이 어떻게 세상을 통치하시는가를 보여주는 그림입니다.

생각해보기

❀ 우리가 반드시 기억해야 할 요한계시록의 기록목적은 무엇입니까?

....

....

그러므로 적그리스도가 교황이라느니, 동방에서 오는 군대가 중국이라느니, 이집트에서 청황색 말이 나타났다느니, 이긴 자가 신천지의 이만희 총회장이라느니 하는 말들은 모두 계시록의 기본을 모르는 데서 비롯된 오해라고 할 수 있습니다. 이런 가르침은 마침내 종말이 언제 온다는 시한부 종말론으로 끝나기 마련입니다. 한 때 우리 기하성 교단에서는 유럽공동체에서 화폐통일, 정치통일이 이루어지면 그 통합대통령이 바로 적그리스도가 될 것이라고 가르치기도 했습니다. 이것은 부끄러운 실수가 되고 말았습니다.

예수께서 말씀하시기를 주님의 오심은 오직 하나님만 아신다고 하셨습니다. 시한부종말론으로 많은 사람들을 그릇된 길로 인도한 예는 얼마든지 있었으며 앞으로도 있을 것입니다. 요한계시록은 종말을 위한 시나리오가 아니며 시각적으로 제시된 하나님의 경륜입니다. 그러므로 하나님이 이 세상의 주관자시며 결국 하나님의 대리인들은 승리할 것이며, 하나님께 순종하지 않는 자들은 심판을 받을 것을 판타지로 들려주는 하나님의 대서사시, 곧 하나님의 경륜입니다.

계시록에서는 하나님의 심판이 일곱 나팔과 일곱 대접으로 표현됩니다. 하나님의 천사들이 나팔을 불 때마다 이 땅에 재앙이 쏟아집니다. 그리고 일곱 대접에도 하나님의 진노의 심판이 가득 담겨 있어서 악인에게 쏟아집니다. 그리고 하나님을 거역하고 짐승에게 순종하는 표를 받은 사람들에게도 쏟아집니다. 짐승을 타고 음녀가 입는 붉은 옷을 입은 여인이 주는 음행의 포도주를 마시면서 하나님을 저버린 사람들도 하나님의 심판을 받습니다.

그러나 하나님의 대리인들은 하나님의 진노의 재앙을 받지 않습니다. 그것은 애굽에서 열 가지 재앙이 내릴 때마다 하나님의 백성들은 구별된 것과 같습니다. 그러므로 요한계시록을 읽으면서 무시무시한 심판과 재앙의 내용을 만날 때마다 이것이 바로 하나님의 대적자들에게 내리는 하나님의 심판이라는 사실을 확인하시기 바랍니다. 그것이 복음 안에서 평안을 확신하는 그리스도인 곧 하나님의 대리인이자 하나님의 자녀들이 누리는 확신입니다. 그러므로 누구든지 계시록을 가지고 더 이상 우리들을 위협하지 못하게 합시다. 왜냐하면 하나님은 사망의 음침한 골짜기에서도 우리와 함께 하시며 우리를 위해 일하시면서 우리를 안전하게 지키시는 분이기 때문입니다.

생각해보기

❀ 요한계시록에 나오는 무시무시한 심판의 묘사를 우리는 어떻게 이해해야 합니까?

....

....

이렇게 계시록에는 하나님을 대적하는 짐승의 세력과 그의 추종자들을 심판하시는 대목이 나옵니다(계 19:11, 19~21):

11. 또 내가 하늘이 열린 것을 보니 보라 백마와 그것을 탄 자가 있으니 그 이름은 충신과 진실이라 그가 공의로 심판하며 싸우더라
19. 또 내가 보매 그 짐승과 땅의 임금들과 그들의 군대들이 모여 그 말 탄 자와 그의 군대와 더불어 전쟁을 일으키다가
20. 짐승이 잡히고 그 앞에서 표적을 행하던 거짓 선지자도 함께 잡혔으니 이는 짐승의 표를 받고 그의 우상에게 경배하던 자들을 표적으로 미혹하던 자라 이 둘이 산 채로 유황불 붙는 못에 던져지고
21. 그 나머지는 말 탄 자의 입으로부터 나오는 검에 죽으매 모든 새가 그들의 살로 배불리더라

하나님을 대적하던 짐승이 잡히고 짐승의 통치를 선전하던 거짓 선지자도 잡히고 산 채로 붙들려 유황불 붙는 못에 던져졌습니다. 그의 나머지 군대는 백마를 탄 분 곧 예수님의 입에서 나오는 검에 죽으매 하늘의 새들이 와서 그 살을 먹었습니다(계 19:21). 이것은 하나님이 결국 사탄과 그의 추종자들을 심판하신다는 말씀입니다.

이어서 계시록 20장에서는 천사가 사탄을 잡아서 천 년 동안 무저갱에 가두어버립니다. 그 동안에 그리스도의 대리인들 곧 짐승에게 굴복하지 않은 사람들은 그리스도와 더불어 그리스도의 제사장으로서 천 년 동안 왕 노릇합니다. 여기서 천년왕국이라는 말이 나옵니다. 이것에 관하여는 교단마다 개인마다 다른 생각을 하고 있습니다. 그러나 저는 오늘 김세윤 박사의 견해에 동의하여 천년왕국은 우리가 지금 그리스도의 대리인으로서 왕 같은 제사장적 삶을 사는 기간을 의미한다고 믿습니다. 천 년 동안 왕 노릇한다는 말은 오랜 기간을 가리키는 말이며 그것은 그리스도인이 고난 당한 기간보다 훨씬 오랜 기간 동안 그리스도와 더불어 통치한다는 말입니다.

생각해보기

❋ 김세윤 박사의 주장과 같이 천년왕국을 이해한다면, 우리는 지금 천년왕국에서 살고 있습니다. 왜 그렇게 이해할 수 있습니까?

■ 참고: **천년왕국설** ■

천년왕국에 관한 학설은 전(前)천년왕국설(pre-millenarianism)과 후(後)천년왕국설(post-millenarianism), 무(無)천년왕국설(a-millenarianism)로 나누어진다. 전천년왕국설은 예수의 재림이 천년왕국 앞에 온다는 주장이고, 후천년왕국설은 예수의 재림이 천년왕국 뒤에 온다는 이론이다. 이에 비해 무천년왕국설은 천년왕국이란 그리스도의 초림에서 재림 사이에 존재하는 교회시대를 상징적으로 의미하는 개념으로 본다.

그 천 년이 지나 마귀가 잠깐 동안 놓여나서 성도들을 미혹하지만 하늘에서 불이 내려와 그들을 태워버리고 마귀는 불 못에 던져집니다. 이는 에덴동산의 행복이 마귀의 유혹으로 말미암아 금방 끝나버린 것과는 대조적으로 그리스도의 통치는 결코 뒤집을 수 없다는 것을 보여줍니다. 첫 번째 창조에 비하여 주님이 이루실 새 창조와 구원은 완벽하며 하나님의 백성의 승리는 영원하다는 메시지가 천년왕국 이야기에 담긴 신학적 의미입니다. 이와 같이 계시록에서 천년왕국은 그것이 가지는 신학적인 의미로 풀어야 하며, 만약 미래의 어느 기간에 올 것이라고 한다면 문제가 많아집니다. 이렇게 요한계시록을 문자적으로 해석하는 일은 무척 위험한 일이 될 수 있습니다.

요한계시록으로 본 대리인의 삶

하나님이 우리와 함께 하시며 지금도 일하고 계십니다. 우리는 하나님의 대리인으로 부르심을 받은 사람들입니다. 계시록의 언어로 말하면 우리는 예수님을 증거하는 하나님의 종들입니다. 우리 이마에는 어린 양의 인이 새겨져 있습니다. 우리는 하나님의 백성을 상징하는 열두 지파에서 온 144,000에 해당하는 하나님의 군대입니다. 그렇게 보면 지금 하나님의 대리인들은 사탄의 삼위일체에 해당하는 용과 바다 짐승과 땅 짐승과 더불어 전쟁을 하고 있습니다. 우리의 전쟁은 어떤 것입니까?

그리스도인의 전쟁은 예수님을 증거하는 것입니다. 그 말과 행동을 통하여 예수님을 증거하는 것입니다. 우리가 언제 어떻게 그리스도를 증거합니까? 그것은 우리가 육신에게 져서 세상의 정욕을 따라 살지 않고 그리스도의 가르침과 모범을 따라 살 때 나타나는 결과와 승리와 성령의 열매로써 그리스도를 증거합니다.

예를 들어, 짐승으로 표현되는 사탄의 세력은 세상 권세를 가지고 약자를 착취하고 갑의 횡포를 당연한 것으로 여기입니다. 그런 세력에 굴하지 않는 것이 바로 하나님의 대리인들의 전쟁입니다. 하나님의 대리인들은 지금 하나님이 세계를 통치하시는 절대주권을 가지신 분임을 알고 믿습니다. 그래서 그 어떤 사람도 절대자가 될 수 없음을 알고 있습니다. 오직 하나님만 절대 주권을 가지신 만 왕의 왕이십니다. 그러므로 하나님의 대리인들은 이 세상에서 공평과 정의, 그리고 약자의 권익을 위해 일하는 사람들입니다. 그것은 약자에 대한 공감으로 나타나기도 합니다. 예수님이 보여주신 삶이 바로 그것입니다. 하나님의 대리인들이 세상 권력에 굴복하지 않는 이유는 그 권력보다 더 크고 위대하신 주님의 대리인들이기 때문입니다. 그런 분명한 정체성이 우리로 하여금 더 담대하고 더 공평하고 더 정직하게 살아갈 용기를 줄 것입니다. 요한계시록을 통하여 하나님의 통치와 승리를 읽으면서 우리는 이런 용기와 확신을 갖게 될 것입니다.

생각해보기

❀ 하나님의 대리인들은 공평과 정의를 위해 선한 싸움을 싸우는 사람들입니다. 그런 일에 모범을 보인 사람으로는 어떤 분들이 있을까요? 우리는 어떻게 싸울 수 있을까요?

우리가 살고 있는 이 세상에는 짐승의 인을 우리의 이마(생각)나 손(행위)에 새겨서 짐승의 권세에 굴복하게 하고 그 짐승의 권세를 등에 업고 우리에게 음행의 포도주를 마시게 하는 음녀가 있음을 알아야 합니다. 그래서 하나님보다 돈을 더 사랑하게 합니다. 사람을 잃을까 봐 두려워하면서 하나님을 기쁘시게 하기보다는 사람을 기쁘게 하려다가 진리에서 벗어난 일을 하기도 합니다. 그것은 바로 음녀의 포도주를 마시는 일입니다. 법조계의 비리와 전문브로커가 재판을 받는 피고와 판사 사이를 연결해 주고 돈을 챙기는 일이 있다고 최근 뉴스에 소개되었습니다.

건축계와 교육계, 체육계 등 어느 곳이나 불의와 불법이 판을 치고 있는 세상입니다. 그것이 바로 짐승의 인을 받으며 살아가는 세상임을 계시록은 그려줍니다. 사도 바울은 이런 세상을 공중의 권세 잡은 자 아래서 하나님께 불순종하며 살아가는 삶이라고 일러줍니다.

생각해보기

❀ 음녀의 포도주를 마시게 하는 세상에서 우리는 어떻게 해야 할까요?

우리는 이런 세상이 당연한 것이라고 생각하고 그 속에서 적응하면서 살아갈 수도 있습니다. 그리고 그런 불의한 일을 당하면 속상하고 분노에 사로잡히기도 합니다. 마치 이스라엘과 블레셋의 전투가 벌어진 엘라 골짜기에서 골리앗이라는 거인이 나서자 아무도 나서지 못하고 사십 일 동안이나 그의 위협에 숨죽이며 지낸 것처럼(삼상 17장), 우리들이 이 세상의 불의와 불법 그리고 불평등 앞에서 어찌 할 바를 모르고 살아가는 것은 아닐까요? 어떻게 여기서 다윗과 같은 용기 있는 사람이 일어날 수 있을까요?

생각해보기

❀ 전세가 역전될 것 같지 않은 상황 속에서 다윗 같은 용기를 가진 사람이 왜 중요할까요?

❀ 일제 강점기 시절에 많은 지성인들이 자신의 뜻을 꺾고 일본제국주의에 협조하라고 국민들에게 글을 쓰거나 연설로 선동한 까닭은 무엇일까요?

요한계시록에 나오는 하나님의 대리인을 나타내는 그림 중 하나는 144,000의 군대입니다. 다음에 나오는 그 군대에 대한 설명에서 우리는 그 힌트를 찾을 수 있습니다(계 14:1~5):

1. 또 내가 보니 보라 어린 양이 시온 산에 섰고 그와 함께 십사만 사천이 서 있는데 그들의 이마에는 어린 양의 이름과 그 아버지의 이름을 쓴 것이 있더라
2. 내가 하늘에서 나는 소리를 들으니 많은 물 소리와도 같고 큰 우렛소리와도 같은데 내가 들은 소리는 거문고 타는 자들이 그 거문고를 타는 것 같더라
3. 그들이 보좌 앞과 네 생물과 장로들 앞에서 새 노래를 부르니 땅에서 속량함을 받은 십사만 사천 밖에는 능히 이 노래를 배울 자가 없더라
4. 이 사람들은 여자와 더불어 더럽히지 아니하고 순결한 자라 어린 양이 어디로

인도하든지 따라가는 자며 사람 가운데에서 속량함을 받아 처음 익은 열매로 하나님과 어린 양에게 속한 자들이니

5. 그 입에 거짓말이 없고 흠이 없는 자들이더라

하나님의 대리인은 어린 양과 함께 서 있습니다. 그들의 이마에는 어린 양의 이름과 그 아버지의 이름이 기록되어 있습니다. 이는 그들의 정체성을 말합니다. 그들은 하나님 앞에서 부르는 노래를 배운 사람들입니다. 그들은 짐승을 탄 음녀의 포도주를 마시지 않은 자들입니다. 그들은 어디든지 어린 양과 더불어 동행하는 사람입니다. 그리고 그 입술에 거짓이 없는 진실한 사람들입니다. 이런 사람들이 하나님의 대리인들입니다. 그리고 그들은 목숨을 잃을지언정 진실과 사랑으로 행하여 예수님을 증언합니다.

요한계시록은 우리가 하나님의 대리인으로서 사탄의 세력과 전쟁을 하고 있음을 밝혀줍니다. 사탄은 온 세상 사람들을 위협하고 미혹하여 자신을 섬기게 합니다. 그 속에서 하나님의 대리인들은 어린 양과 함께 전쟁을 합니다. 그들은 예수님처럼 순교를 통하여 승리를 거둡니다. 이로써 우리는 하나님의 대리인으로서 믿음으로 살아가는 삶이란 결국 우리가 주 예수 그리스도께 속했음을 알고 승리를 확신하며 그 분께 자신의 삶을 바치는 것임을 알 수 있습니다. 그제서야 비로소 우리는 이 세상의 신과 짐승의 세력을 이길 수 있습니다. 그리고 그들을 성경은 이긴 자들이라고 말합니다. 요한계시록은 우리가 하나님의 대리인들로서 이 거룩한 전쟁에서 승리할 것이라고 격려합니다. 그러니 우리 모두 결단하여 하나님의 대리인으로서 살아갈 것을 결심합시다. 할렐루야!

생각해보기

❀ 요한계시록을 통해서 하나님의 대리인으로서 우리가 깨달은 것은 무엇입니까? 나는 어떤 결심을 합니까?

나의 독서 여정

이 글은 2019년 1월 23일에
치악산 명성수양관에서
나의 독서 여정을 정리한 것이다.
현재 내가 가진 생각이 어떻게 형성되어 왔는지
그 일면을 이해하는데 도움이 될 것이라 여기고
여기 소개한다.

세상에 있는 모든 책을 읽을 수는 없다.
얼마나 읽어야 '조금' 읽었다고
말할 수 있겠는가도 알 수 없다.
다만 현재의 나는
어떤 과정을 거쳐 여기에 왔는지
스스로 돌아보려는 것이다.

여행을 하다 보면 특히 산을 오르다 보면 어디까지 왔는지 얼마나 남았는지 중간에 쉬면서 지도를 살펴본다. 지나온 길과 남은 길을 보면서 쉬는 것이다.

인생을 여행이라고 할 때, 또는 산을 오르는 일에 비유할 때 가끔씩 그렇게 지나온 길을 되돌아 보는 것은 매우 유익한 시간이 된다. 그리고 상당히 멀리 왔다고 생각될 때 그 일은 더욱 가치 있는 일이다.

그래서 오늘 나는 설교자로서 또는 목회자로서 지나온 길을 다시금 돌아보고 점검해 보려고 한다. 특히 성경에 대하여, 복음에 대하여 가지게 된 생각의 여정을 돌아보겠다. 이것은 과거를 돌아보고 앞으로 나아갈 길을 생각해 보는 장점이 있다. 하지만 여행과는 달리 나에게는 완전한 지도는 없다. 인간의 미래를 아는 일은 하나님의 영역이기 때문이다. 그러나 지나온 길을 돌아보면 몇 걸음 앞은 볼 수 있을 것이다.

1. 하나님의 은혜의 복음을 만나다!

나의 여정의 출발점은 아마 2014년 1월에 읽기 시작한 폴 엘리스(Paul Ellis)의 책, The Gospel in Ten Words(열 개의 키워드로 쓴 복음, 2012)일 것이다. 그 책은 율법주의에 사로잡힌 사람들을 위한 복음의 설명서요 치료서라고 할 수 있다. 그 열 개의 키워드는 1. 사랑 받음, 2. 용서 받음, 3. 구원 받음, 4. 하나됨, 5. 양자됨, 6. 거룩함, 7. 의롭게 됨, 8. 죽음, 9. 새로

워짐, 10. 왕 같음이다. 목회에 실패했다는 깊은 절망감에 빠진 나에게 단비와 같은 책이었다. 나는 몇 개월에 걸쳐 번역하며 그 책을 씹어먹고 소화시키려는 듯이 공부했다.

그 이후로 나는 그의 책 The Gospel in 20 Questions(스무 개의 질문에 대답한 복음)을 번역했다. 그는 2014년에 The Hyper Grace Gospel(초월적 은혜의 복음)을 출간했는데 나는 그 책의 절반 가량을 번역했다. 아직 번역을 마치지 못했다.

폴 엘리스는 종교적 관습과 왜곡된 율법주의로 인하여 스스로 갇힌 사람들을 위해서 블로그를 운영하고 있다. 그의 블로그는 'Escape To Reality'이다. 하나님의 은혜를 좀더 강조하는 그리스도인이다.

그런 그룹에 있는 사람들을 가리켜 '은혜의 복음을 전하는 설교자들'이라고 부르기도 한다. 그런 그룹에 속한 저자들 가운데 대표적인 인물은 앤드류 팔리(Andrew Farley)다. 나는 박희수 군과 함께 그의 책을 몇 권 번역했다:

1) 순수한 복음(The Naked Gospel, 2009)
2) 상처와 치료자(Hurt and Healer, 2013)
3) 천국은 지금(Heaven is Here, 2014)
4) 예수로 충분한가?(Is Jesus Enough?, 2017)

앤드류 팔리의 책은 성경 본문을 좀 더 많이 인용하여 '은혜의 하나님'과 '하나님의 은혜의 복음'을 설명한다. 그는 지금 Church without Religion 공동체를 이끄는 목회자다. 그는 지금 유튜브를 통해서 많은 구독자를 확보하여 복음을 전하고 있다.

2. 하나님의 경륜에 눈을 뜨다!

내가 하나님의 경륜을 알게 된 것은 성경 전체를 관통하는 메시지를 알고 싶은 마음에서 시작된다. 성경을 간략하게 그 핵심을 잡아 정리하면 어떻게 할 수 있을까? 그런 가능성을 가장 먼저 깨닫게 해 준 것은 프랭크 바이올라(Frank Viola)의 책, 영원에서 지상으로(From Eternity to Here, 대장간)이다. 그 책에서 프랭크는 성경 전체를 관통하는 메시지를 각각 사랑, 성전, 백성이라는 키워드로 정리했다. 매우 인상적이었다. 그 후에 프랭크의 책을 몇 권 읽었다. 내가 읽은 그의 책은 Pagan Christianity(2012), Revise Us Again(2011), Reimagining Church(2008), Jesus Manifesto(2010), God's Favorite Place on Earth(2013), The Untold Story of the New Testament Church: An Extraordinary Guide to Understanding the New Testament(2004), Insurgence: Reclaiming the Gospel of the Kingdom(2018) 등이 있다.

그리고 '하나님 나라 복음'(김세윤, 김회권, 정현구 공저)을 만났다. 하나님 나라는 예수님의 복음전파에서 핵심 메시지이기도 하며 성경 전체를 아우르는 주제임을 알게 되었다. 그러던 중에 프랭크의 책을 읽으면서 만난 하워드 스나이더(Howard Snyder)의 책 '왕의 공동체'(The Community of the King, 2004)를 읽으면서 하나님의 경륜이라는 말을 발견했다. 스나이더의 책은 하나님 나라의 운영과 마스터플랜에 대한 교회의 역할에 대한 이야기였다.

그러다가 2016년 태국 선교여행을 가는 비행기 안에서 '성경과 하나님의 권위'(톰 라이트)를 읽는 중에 그가 제시하는 글이 눈에 확 들어왔다. 그것은 성경을 하나의 드라마로 볼 때 그것은 다섯 막으로 나눌 수 있다는 것이다: 창조, 타락, 이스라엘, 예수님, 교회는 그 다섯 막의 키워드라고 할 수 있다. 그 모든 막이 하나의 서사시를 이루며 그 절정에 예수 그리스도께서 오셨으며 마침내 새 하늘과 새 땅으로 완성될 것이다.

톰 라이트(Tom Wright)는 성경에 정통한 신학자로서 성경 전체를 아우르는 핵심 가르침을 배우고자 하는 나의 갈망을 넘치도록 채워주었다. 그리고 율법주의는 물론 근본주의 신앙과 자유주의 신앙이 가지는 한계를 대비하여 보여주었다. 그리고 내가 초월적 은혜의 복음에 치우치지 않도록 더 큰 틀에서 성경과 하나님의 나라를 이해할 수 있는 안목을 열어주었다. 그래서 나는 그의 책 몇 권을 더 구입해서 읽었으며 청년들과 함께 독서모임을 갖기도 했다. 그 때마다 그는 상상력을 자극하는 풍성한 표현을 맛보게 해주었고, 기독교 신앙에 대하여 명쾌한 통찰을 경험하게 해 주었다.

톰 라이트의 책 중에 감명 깊게 읽은 책은 '마침내 드러난 하나님 나라'(Surprised by Hope, 2018)인데 이 책을 통하여 천국과 지옥에 대하여 생각의 대전환을 하게 되었다. 특히 그의 독특한 표현인 '죽음 이후의 삶 이후의 삶'(Life After Life After Death)을 통하여 우리의 부활에 대하여 다시금 생각하게 되었다. 그리고 최근에 나는 '톰 라이트, 칭의를 말하다'를 읽었는데 거기서 하나님의 경륜이라는 더 크고 웅대한 빛 가운데서 칭의와 성화 등을 이해할 수 있게 되었다. 그리고 그의 책 '그리스도인의 미덕'(After You Believe: Why Christian Character Matters, 2010)은 하나님 나라의 대리인으로서 우리 그리스도인에게 성품과 미덕을 가꾸는 삶이 얼마나 중요한지를 깨닫게 해 주었다.

사실 나는 톰 라이트의 5막 드라마에서 힌트를 받아 '하나님의 경륜' 시리즈의 설교를 했으며, '하나님 나라의 위대한 서사시'라는 주제로 성경 전체를 요약 정리하는 설교를 하기도 했다. 여기에 '판타지로 쓴 하나님의 경륜, 요한계시록'이라는 주제로 계시록 강해를 하기도 했다. 톰 라이트의 책, '기독교 여행'(Simply Christian: Why Christian Makes Sense, 2009)을 나는 청년들과 반년 동안 읽었는데, 거기에서 기독교 신앙의 진수가 무엇인지를 품위 있는 지성인의 언어로 이해할 수 있었다. 기독교 신앙은 무지한 사람들의 종교가 아니었다. 그것은 모든 이들을 위한 종교로서 지성인들도 공감하며 겸손하게 추구할 수 있는 진리다.

3. 종교의 본질과 평화

이런 여정을 하는 동안에 나는 한스 큉의 책, '그리스도교'를 읽었고 그 속에서 거장의 향기를 맡으면서 내가 가진 생각과 인식의 편협함에 부끄러움을 느꼈다. 한스 큉은 '유대교'와 '이슬람'을 추가하여 삼부작을 완성했는데, 그것은 종교 간의 대화를 통한 지구촌의 평화를 목표로 한 것이었다. 그의 끈질긴 연구열에 나는 감탄을 금할 수 없다. 여기에 더하여 종교학자 카렌 암스트롱(Karen Armstrong)의 책은 기독교 신앙이 종교적 편협성을 벗어나 보편성을 지향해야 함을 일깨워주었다. 나는 그의 책, '축의 시대', '신의 역사 1, 2'를 읽었는데, 이 책들은 기독교와 다른 종교들 사이의 유사성을 잘 알려준다. 그 결과 기독교 신앙의 본질이 무엇인지에 대하여 비교종교학의 관점에서 다시금 생각해 볼 수 있게 해 주었다.

특별히 파커 파머(Parker J. Palmer)의 책은 기독교 신앙의 영성을 일깨워주었다. 나는 그의 책, '역설에서 배우는 삶의 지혜'(Paradox)와 '가르침과 배움을 통한 영성'(To Know As We Are Known)을 읽었는데, 후자의 책으로 나는 공동체를 세우기 위한 시리즈 설교를 한 적이 있다. 나는 이 책이 소그룹 모임을 인도하는 사람들에게 반드시 필요한 책이라고 생각한다. 즉, 공동체 속에서 서로에게 진실할 때 우리를 다듬어 주고 하나님을 알게 하는 가운데 하나님 나라가 임한다는 사실을 일깨워 주었다. 파커 파머는 스스로 공동체에 가담하여 공동체의 가치와 그 훈련의 실제를 경험한 사람으로서 교회와 지역 공동체에 유익한 지침과 조언을 들려주는 스승이다.

미로슬라브 볼프(Miroslav Volf)의 책, '인간의 번영'(Flourishing: Why We Need Religion in a Golbalized World, 2017), '알라'(Allah: A Christian Response, 2012), '배제와 포용'(Exclusion and Embrace: A Theological Exploration of Identity, Otherness, and Reconciliation, 1996)은 지구촌의 시대에 실제적으로 평화와 번영을 위해 어떻게 해야 하는지를 방대한 참고자료와 함께 제시한다. 특히 그의 책 알라(Allah)는 기독교와 이슬람이 같은 하나님을 믿는 매우 가까운 종교라는 점을 보여준다. 나는 그의 책을 좀 더 익숙하게 파악할 때까지 읽을 필요가 있다. 특히 '삼위일체와 교회'(After Our Likeness)는 읽다 중단한 상태다.

4. 몇 걸음 앞을 바라보며

나의 서재에는 많은 책이 있다. 그리고 그 중에 많은 책을 아직 읽지 못했다. 그러나 위에 언급한 책들은 나의 마음의 서재에도 있으며 그 책들을 읽으면서 나는 큰 유익을 얻었다. 그것은 곧바로 나의 메시지에 반영되었으며 그렇게 지금 나는 여기까지 왔다.

이렇게 정리하고 보니 우리 교회가 힘써 배우고 가르치고자 하는 '하나님의 은혜의 복음'과 '하나님의 경륜'이 어떤 과정을 통해서 세워졌는지 좀 더 명확해진 것 같다. 그리고 그 내용을 얼마나 더 풍성하게 채워야 하는지가 앞으로 남은 과제일 것이다. 처음에는 몇 가지만 이해하면 되는 줄 알았다. 그러나 시간이 지날수록 은혜의 복음이나 하나님의 경륜 모두 그 깊이가 더해져야 하며, 그것을 삶으로 실천하고 누리는 것이 더 중요함을 깨닫는다. 예수님을 알고 하나님을 알아간다는 것은 바로 이 두 영역에서 더 깊이 그리고 더 실제적으로 이해하고 실천하는 구도의 길이기 때문이다.

2019년 1월 지금 나는 로드니 스타크가 쓴 '기독교의 발흥'(The Rise of Christianity)을 읽고 있다. 사회학자가 기독교의 성장 원인을 분석한 이 책을 읽으면서 오늘 이교사상에 포위된 기독교회의 목회자로서 초대 교회로부터 배울 점을 찾고 싶다. 이 책은 톰 라이트의 책, '그리스도인의 미덕'에서 발견했다. 저자들은 자신의 책을 통해서 다른 훌륭한 저자들을 소개한다. 그렇게 우리는 다른 친구들을 알아간다. 그리고 이 모든 만남이 우리들을 더욱 풍성하게 한다.
<끝>.

덧붙이는 글: 2020년에는 박시백의 역사만화 '35년'과 '조선왕조실록'을 읽으면서 우리 민족의 역사에 대하여 더 깊이 알고 싶은 마음이 생겼다. 그리고 조선후기 실학자들(박제가, 박지원, 홍대용)에 대한 책을 읽었다. 최근에는 민주화 운동가들의 스승 리영희 선생의 책 몇 권을 구입해서 읽고 있다. 앞으로 환경과 경제 문제에 대한 글을 읽고 싶다. 그리고 국내의 사상가들의 큰 생각을 만나고 싶다.

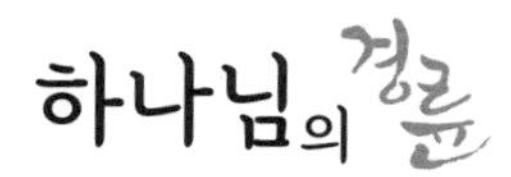

초판 1쇄 발행 2021년 1월 25일

지은이 조해강
디자인 신경애

펴낸곳 도서출판 레마북스
등록번호 제 568-2015-000002호
주소 충남 당진시 서해로 6216
전화 070-7379-9277, 010-3731-9277
이메일 starlove73@naver.com

ISBN 979-11-87588-22-1 (03230)
책값 13,000원